人文武术精品书系

勿使前辈之遗珍失于我手
勿使国术之精神止于我身

鬆不開則沉不下。一鬆俱鬆。

骨節輕靈。氣下行于丹田。

丹田乃存氣之海。鼓蕩之舟。

膝宜屈屈。枝腳穩固。

氣存足心身若懸空。

空鬆二字。不言而喻。

靜也。合也。縮也。

氣行百絡。而通順也。

節節貫穿開合圖四　解曰

合則嚴。無絲毫縫隙。節節含嚴。

由腳到手。丹田是力源。萬一半氣

氣不可盡。氣盡則力斷。自拔而飄之。

三合充成。則合中寓開。

此時可放開也。

頭為領而之帥。鼻尖對準何方。

力發于何方。眼剌敵之喉結。

着手奏效也。

拳道
薪传

廉让堂

太极拳传谱精解

李志红 等 ● 编著

北京科学技术出版社

图书在版编目（CIP）数据

廉让堂太极拳传谱精解 / 李志红等编著 . —— 北京 : 北京科学技术出版社 , 2019.6
（拳道薪传丛书）
ISBN 978-7-5304-9719-7

Ⅰ . ①廉… Ⅱ . ①李… Ⅲ . ①太极拳—套路（武术）Ⅳ . ① G852.111.9

中国版本图书馆 CIP 数据核字（2018）第 118160 号

廉让堂太极拳传谱精解

作　　者：李志红等
策划编辑：王跃平
责任编辑：李博伦
责任校对：贾　荣
责任印制：张　良
封面设计：何　瑛
版式设计：胡志华
出 版 人：曾庆宇
出版发行：北京科学技术出版社
社　　址：北京西直门南大街 16 号
邮政编码：100035
电话传真：0086-10-66135495（总编室）
　　　　　0086-10-66113227（发行部）　0086-10-66161952（发行部传真）
电子信箱：bjkj@bjkjpress.com
网　　址：www.bkydw.cn
经　　销：新华书店
印　　刷：保定市中画美凯印刷有限公司
开　　本：710mm×1000mm　1/16
字　　数：240 千字
印　　张：18.25
插　　页：10
版　　次：2019 年 6 月第 1 版
印　　次：2019 年 6 月第 1 次印刷
ISBN 978-7-5304-9719-7 / G·2783
定　　价：78.00 元

武式太极拳创始人武禹襄祖师

《廉让堂太极拳谱》编著者李亦畲宗师

李启轩宗师

郝为真宗师

李逊之（右） 赵俊辰（左）
前排：李池荫 后排：姚继祖、魏佩林、赵蕴园、刘梦笔

1929年永年县国术馆全体合影
馆长韩钦贤（二排右四）、李福荫（二排右一）、魏佩林（一排左二）

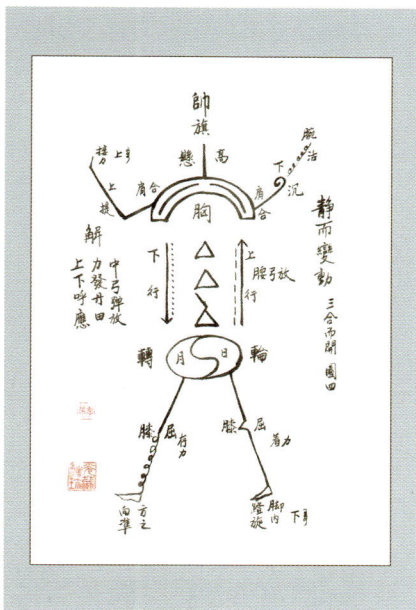

节节贯穿开合图一

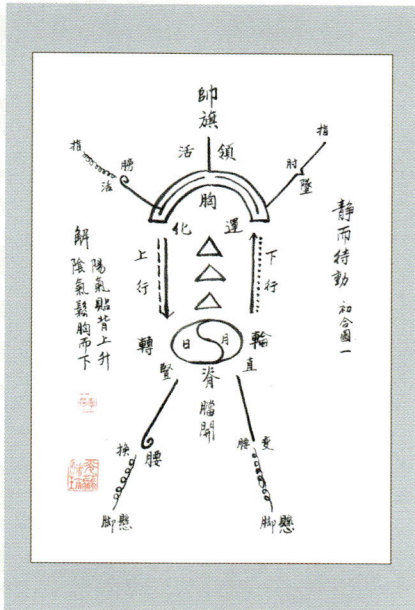

节节贯穿开合图四

節節貫穿開合圖一解曰

鬆不開則沉不下。一鬆俱鬆。骨節輕
靈。氣下行于丹田。丹田乃存氣之海。鼓
蕩之舟。膝宜屈屈。根腳穩固。氣存足心
身若懸空。空鬆二字。不言而喻。靜也。
合也。縮也。氣行百絡。而通順也。

節節貫穿開合圖四解曰

合則嚴。無絲毫縫隙。節節合嚴。由
腳到手。丹田是力源。蓄一半氣。氣不可
盡。氣盡則力斷。目拔而飄之。
三合充成。則合中窩開。此時可放開
也。頭為領兵之帥。鼻尖對準何方。力發
于何方。眼則敵之喉結。着手奏效也。

编者合影，自左而右依次为
李凯斌、王全岭、李志红、李云云、彭建景、王庆

李光藩、李志红、李云云
祖孙三代合影

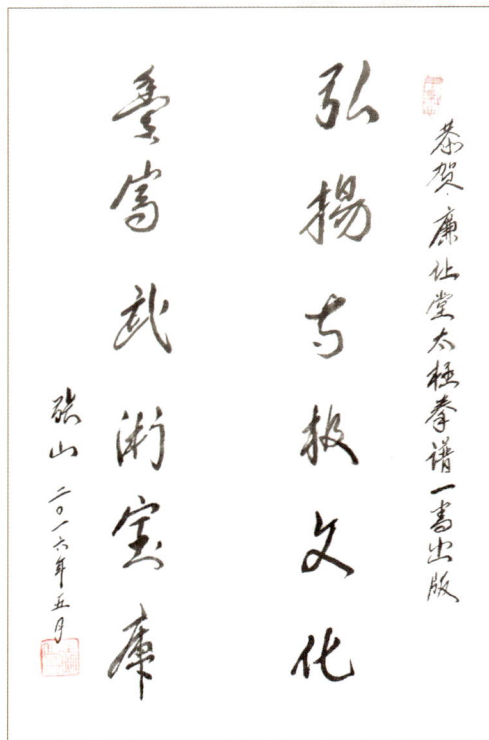

恭贺 廉让堂太极拳谱一书出版

弘扬太极文化

为武术宝库

张山 二〇一六年五月

原中国武术协会副主席张山为廉让堂太极拳题字

著名武术家周润生为廉让堂太极拳题字

李光藩演练太极刀

李亦畬曾孙李光藩与孙禄堂之女孙剑云在一起

本书编者李志红（中）、王庆（左）与
作序者孙加瑞（右）在一起

李志红、李红旗演练太极散手

中日韩乐山武式太极拳大会名家合影

北京廉让堂太极拳研究会合影

南京廉让堂太极拳研究会合影

邯郸廉让堂太极拳研究会合影

日本廉让堂太极拳研究会合影

序
一

　　从李亦畬先师的"老三本"，到李福荫先生
"十三中油印本"、李槐荫山西太原铅印本《李氏太极
拳谱》、李光藩等主编的《廉让堂太极拳谱》分册本，
廉让堂太极拳谱的传播已有百余年。今天，在彭建
景、王全岭的谋划和李志红的鼎力支持下，《廉让堂
太极拳传谱精解》终于要结集出版了。

　　这次出版是由一帮中青年人出面编选的，在内容
上基本保持了原貌，但有些篇章经过再三研究有所取
舍。本书共分四编：第一编"考释篇"；第二编"拳
架篇"；第三编"技击篇"；第四篇"器械篇"。这次
编选充分听取多方的意见，进行了认真的修改，而后
才定稿。

　　第一编为"考释篇"。本篇广泛搜集了董英杰、
陈固安、李迪生、李正藩、严翰秀、李红旗等人对
"老三本"的考释文章，并郝为真、李宝廉、李宝让
等人练拳的心得体会，相信能对广大太极拳爱好者有

所助益。

第二编为"拳架篇"。选的是李志红的拳照。他自幼习拳，至今已有三十余年，在继承传统，矫正拳架上，通过刻苦训练，达到了较高的水平，蝉联了国际推手和散手擂台赛的冠军。虽然他的功夫还不够纯真，拳架也不那么完美，但在众多练拳者中也算出类拔萃了。

第三编为"技击篇"。上次编选二路拳架时过于匆忙，这次出版重新拍照。李志红将拳架中的劲力，巧妙地运用到推手与打手上去。他常说：推手即打手，打手即推手。这次编选"技击篇"时，起用淮南小将王庆。近年来王庆每年都来永年求艺，功夫大长，这次出书他当志红的助手，配合密切。

第四编为"器械篇"。在永年古城流传一句话："杨家杆子李家刀。"李亦畬先师留下的这套刀流传不广，只在门内传承，特别是神出鬼没的"四刀反四刀"，更是奥妙无穷。今刊在书内，望能广为流传。

书稿已成册，放在案头审阅一遍，总觉得不够深入与扎实，对李亦畬"老三本"的研究尚欠火候。希望有众多内行参与，使太极拳的研究更上一个台阶。

最后，我用郑板桥一幅对联作为本序结尾：删繁就简三秋树，领异标新二月花。

李光藩

余习太极拳已有 10 年，因所下功夫有限，所获功夫亦有限。幸有各老师不吝赐教，自觉颇有收获，其一是健康，其二是明理。

余曾患严重的胃病和膝关节病，甚至经周不食，楼不能下，经求医无效，以致把整抽屉的胃药倒掉，"随他去罢"。经向陈式太极拳陈照奎大师的弟子史朝纪老师学习太极拳，三四个月后，胃炎竟在不知不觉中自愈；历三四年后，膝关节病亦大为减轻，现在已经完全无碍，健康状况日佳。

除身体之收获外，更有精神之收获。陈式太极拳大师陈鑫曾言：耍拳是小技，但内含大道。此"大道"即今之所谓哲理。是故练太极都要求先明拳理，明拳理后亦可明事理、哲理。中国文化源远流长，许多成语、俗语中都深含哲理；但是，正因为哲理高深，许多人虽然熟悉这些成语、俗语，甚至也经常引用，但未必明白，甚至未必相信。例如，"无为而治""无力胜有力""柔能克刚""弱能胜强""慢能打快"等等，众人常说但未必明白，甚至未必相信。不过，如果学习了太极拳，特别是和高人"过招"后，便会立即相信：无力真的能胜有力，柔弱真的能胜刚强。这是铁的事实（"犯者立仆"），不能不信。所谓"无为而治"的治国大道，在武术就是"无力而胜"的小技，形殊而理一。古代传下来的那些似乎玄而又玄的"空话"，其实都是实实在在的"真话"，只是我们一直没有以恰当的方式去感受它，因而也没有办法去相信它、理解它。

相信不一定理解，但怀疑则一定不理解（也不愿去理解）。通过太极拳，我们不但可以感受到中国传统哲理名言的真实性，还可以进一步理解其合理性。为什么太极拳高手能够"无力而胜"？其实这里的"无力"并非通常所说的不用任何力量，只是不用常人的"僵力""拙力"而已；要去掉身上的"僵力""拙力"，就要坚持正确的方法，并狠下苦功，方能出现"太极劲"；所谓"无力而胜"，实为"用太极劲胜"。由此推论，所谓"无为而治"，亦非统治者每天睡大觉就能治国，而是强调避免折腾（"拙力"），要求多加"调查研究""看准方向""顺势而为"。有人认为老子强调"无为而治"是思想消极，其实是根本不理解何为"无为而治"。

太极拳为什么能"无力而胜"，或者说"太极劲"为什么能胜"拙力"，是因为太极拳强调身松心静，一接手便可知对方的力量大小与方向，能够"知己知彼"；又因为太极拳高手"不用力"，使敌不知我之力量何在，因而"不为人知，而独知人"。我"知己知彼"之后，在彼尚茫然无知之时，就可以因敌变化，有针对性地使用破敌之术，太极拳能"胜敌"便十分自然。因此，太极拳之无力而胜，看似神奇，实则科学。

看太极拳之不用"拙力"，似无力，但看太极拳之破敌，又势不能挡，实有力；看太极拳之强调松柔，似弱，但看太极拳之破敌，如雷霆千钧，实强；看太极拳之演练，似慢，但看太极拳之破敌，目不能察，实快。因此，太极拳既弱，亦强；既慢，亦快；既有力，亦无力。亦柔亦刚，亦弱亦强，亦慢亦快。这种相反的两个方面就是阴阳，就是太极。因此，认为太极拳弱能胜强，慢能胜快，无力而胜，实为强调了其中的一个方面，但并不全面；也正因为如此，也容易使人难以理解。

无力之变为有力，柔弱之变为坚刚，缓慢之变为快速；或者反之，都体现了一个"变"字，也即"易"（变易）。太极拳之胜敌，实际上仍然是以快胜慢，不过这个"快"是指"变化快"，而非通常所说的速度快。因我变化快，方能使敌之进攻落空；因敌之变化慢（相对地），我之进攻方能有的放矢。阴阳互变之规律，是我国古代典籍《易经》的基本思想，因此太极拳以《易经》为其拳理依据，就不足为奇。许多人把太极拳称为哲学拳，认为太极拳体现了中国传统文化的思想精髓，也正源于此。

动分阴阳，阴阳于动。一举动，或阴或阳，或阳或阴；既阴又阳，既阳又阴；虚虚实实，实实虚虚。所谓阴不离阳，阳不离阴，阴阳相济，即是此意。懂此，即懂太极，懂太极拳。现代哲学中的矛盾对立统一规律，不过是阴阳学说的另一种表述方式，更未超出阴阳学说的内容。由此亦可见，我国传统的哲学思想直到现在仍然是科学的、完整的、先进的。

我国最早的太极拳是陈式太极拳，传于杨露禅后有了舒展宽大的杨式太极拳，传于武禹襄后又有了小巧紧凑的武式太极拳。余曾向扬州大学的田金龙教授学习二十四式太极拳（属于杨式太极拳），在拳理上深受教诲；亦曾向河北永年县的李志红师兄学习武式太极拳，在技击上大开眼界。李志红师兄是武式太极拳创始人之一李亦畲（其舅父是武禹襄）的玄孙，比较完整地继承了传统武式太极拳的精华，其功夫精湛，曾连续五年蝉联全国太极拳推手擂台赛冠军。如今，他把武式太极拳的拳、刀、剑、杆和推手技术做了系统的整理，准备出版，这是武式太极拳研究的重要成果。我们如果能从该书中的具体拳法中悟出其拳理，从其拳理中悟出其易理（哲理），则对于太极拳的理解将不断升华；如果能够把这些哲理用于生活、工作中，则我们在生活和工作中的境界也将不断升华。

　　李志红师兄责余为本书写序，然余才疏学浅，甚至有许多内容尚未学过，故不敢对其书中内容妄加评论，只能把自己练习太极拳的一些感悟献出，供大家批评指正，勉为序。

孙加瑞

目 录

第二编　　拳架篇

第三编　技击篇

第四编　器械篇

附录

跋

第一编

考释篇

风雨沧桑话太极

——记永年李氏太极世家　李光藩

李氏家族是明朝永乐年间，由山西泽州逃荒至直隶广平府永年县西杨庄定居。始祖李参。清顺治年李之清中进士，后为翰林院编修，带一支迁广平府西大街。后族人增多，分为四支：西街老宅、东大街、南大街、城隍庙后三处新宅。三百余年人丁繁衍，族人分布北京、天津、上海、汉口、广州、西安、成都、贵阳等地，还有远涉重洋到欧洲、美国、日本、澳大利亚等地的。粗估"藩"字一辈，弟兄不下五百余人。

清嘉庆、道光年间，太极拳由河南温县陈家沟传入永年后，杨露禅、武禹襄最先研习。武禹襄创"武式太极"过程中，其甥李经纶、李承纶参与研讨、修订，特别是李经纶把"太极拳"作为终生之追求，在重文轻武的封建王朝，实属罕见。

李经纶字亦畲，李承纶字启轩，二人均受教于母舅武禹襄先生。武禹襄开太极拳理论研究之先河，独辟蹊径（以理论指导练功）。李亦畲矢志不渝，刻苦钻研，超越自我，用四十年之心血汇编成"老三本"，使太极理论形成了一个完整体系，为后人留下了一份极珍贵资料，开拓出一条光明大道。二世传人李宝相、李宝极、李宝琛、李宝桓、李宝廉、李宝让叔伯兄弟六人均能坚持不懈；三世李福荫、李召荫、李槐荫、李棠荫堂兄弟四人著书立说，将武式太极推向社会；四世李屏藩、李锦藩、李正藩、李光藩，虽生活动荡不安（经历抗日战争、解放战争、"文化大革命"）仍能坚韧不拔，坚持"地下练拳、传拳"，未使"太极火种"熄灭，后人应永记不忘。李氏相传数代，严守家训，"不以教拳为业"，将太极拳无私奉献给社会。

一代太极宗师李亦畬自幼熟读诸子百家之书，稍长，博览群书，精研老子、庄子的著作。他遗留下的老子著作《道德经》朱迹满行，眉批行注渗透了他朴素的"唯物辩证"观点。老子的哲学思想，对他研究总结太极拳理论帮助尤其大。在对古典拳论的取舍上，他表现出敏锐的眼光，独到的见解，深邃的思考。他心中有一架天平，因而他的理论比古典拳论更贴近现实，更具有应用性，是他把王宗岳高深概括的《太极拳论》通俗、浅显化了。

李亦畬的太极理论，是吸收了各种拳理的精华，在实践基础上总结出来的。他广交天下武林朋友，相互切磋，相互学习，学而化之，融入本原。他交往的朋友中有僧、道、儒、俗，江湖义士，游侠保镖及各个层面的人中之杰。这在视"武术"为私人财产的封建王朝，实在不可多得。如他遗下的廉让堂太极剑、廉让堂太极刀便是从与昆仑山和尚、峨眉山老道的交流中创编出来的。李亦畬在广府城西、龙王庙对面有一座花园，人称"李家花园"，本名"启蒙草堂"。李亦畬每有武林好友，必请至园中，小住几月，长住几年。"启蒙草堂"是他交流拳艺、练功写书消夏的好处所。一次，李亦畬从城里去花园的路上，路经西关一家茶馆，此时，他端起水烟袋，正想拿火纸点烟，突然飞来一个像"萤火虫"似的小火弹，正好把烟点着。亦畬抬眼一看，对面茶馆风箱前坐着一个伙计，眼光似电。他心中一惊：此人绝非等闲之辈。

夜间，他把伙计请入"启蒙草堂"，促膝谈心，知其身怀绝技"弹子功"。伙计抱拳求亦畬授其太极拳，他才肯把"弹子功"教予亦畬。百日之后，亦畬手执弹弓打天上飞鸟弹无虚发，伙计也完整学会一套太极拳。一天夜里，官兵围住西关搜捕"杀人犯"。次夜，伙计站在亦畬床头，道出自己身上有两条人命，已在园中潜藏一天一夜。临别他送亦畬一本"弹弓谱"，亦畬赠他百两纹银要他自己保重。

武禹襄、李亦畬、李启轩以及后来的郝为真、李宝相等建立了一种类似今天"文化沙龙"的组织。他们开门试拳，而不是"闭门造车"。李亦畬"招至乡勇，而自验其术"。他把验证结果写成纸条，贴遍书房。从他现存的"纸条"看，一势拳架数十张纸条并不罕见。他经过反复订正，用四十年心血，汇编成"老三本"，为后世留下这笔闪烁着智慧光芒的精神财富。

李承纶，字启轩，亦畬长弟，光绪乙亥恩科举人，大挑二等，候选训导。他喜爱考据、古玩，淡泊名利，无意仕途，与兄同学太极拳于母舅武禹襄，终生研习，著有《敷字诀》与《各式白话》，对其兄亦畬帮助最大。其在家课子侄习文练武，在李氏太极的传承上起到主要作用，培养出宝琛、宝桓等。

亦畬、启轩谢世后，李氏第二代嫡系传人有李宝相、李宝极、李宝琛、李宝桓、李宝廉、李宝让叔伯兄弟六人。他们以李宝相为核心，严守祖训，教拳习技，从不以艺压人。李宝相技艺精湛，与郝为真、杨班侯交往甚密。对外应酬交手比试，都由宝相、宝桓出面。内课子侄，要求严格，一招一势，必亲自矫正，正确无误方歇手。子侄晨昏练太极成了必修课。

民国廿年的《永年拳术》为李宝相、李宝桓单独立传，书中写道：宝相与郝为真同学拳于亦畬公，其拳可与班侯、为真媲美。他壮年漫游燕都、津门，广访武林高手，名声远播，可谓李氏又一代的太极圣手。

李宝桓，字信甫，启轩公三子，性淡默，寡言词，精太极拳。曾与长兄宝琛于光绪二十四年应岑旭阶太守之聘请，教习子侄。宝琛精医道，常配丸散膏丹，免费为人医病，乡邻谢其德，送一匾，悬其门上，上书"仙手佛心"。

李亦畲长子宝廉性恬静，爱书法，善国画，清末秀才，做过短期督学，后辞职赋闲，入"吕祖社"。善刀剑、推手，但从不收徒外露，在家课二子槐荫、棠荫学文习武，对孙辈锦藩及邻人求教者，也演示教导。

宝让，字逊之，拳术多得于长兄宝廉，其后在十三中学任"庶务"，与郝为真同居一室（此时为真在十三中任国术教员），研讨实践，多有发悟。晚年经商，在本城东大街开设"新华印刷局"。"七七事变"日寇入侵永年，他感到国破家亡，遂停业居家明志，时有挚友赵骏臣一再恳求，遂收徒四人：赵蕴园、刘梦笔、魏佩林、姚继祖。先生著作甚多，传世有李逊之谈拳小记、初学太极拳练法述要、不丢不顶浅说等。宝让晚年拳、理精通，为承上启下之一代名师。

李氏三代嫡传有：李福荫、李召荫、李槐荫、李棠荫堂叔伯兄弟四人。

李福荫，字集五，承纶之孙，父宝琛。家教甚严，从小勤劳简朴，自律其身。1913年毕业于高等师范学堂，工诗词、爱书画。任教于河北省永年十三中学。7岁开始学太极拳，除受家训外又拜郝为真先生为师。

1928年，许之州任县长，成立永年县国术馆，韩文明为馆长，聘福荫教授太极拳；另在福荫、召荫倡议下，众人集资开设"太极酱园"，作为拳友练拳研究场所，经营所得作为活动经费。

福荫与堂弟李槐荫共同商讨，将曾祖父亦畲公之"老三本"重新编次，并将李福荫十三中学油印本《廉让堂太极拳谱》及石印本《太极拳谱》重新编目立章，于1935年在山西太原公开出版发行。《廉让堂太极拳谱》向社会公开，福荫功不可没。

李槐荫、李棠荫昆仲，亦畲公之孙，宝廉公之子。李槐荫，1924年毕业于南京高级警官学堂，21岁分配到山西省和顺县任公安局长，次年调太原县（今山西省太原市晋源区）任公安局长。"九一八事变"后，国内"教育救国""武术救国"呼声极高。槐荫、棠荫奔走各界，多方活动，

1932 年在太原发起组成"山西省武术促进会"，邱仰竣（省民政厅长）、马立伯（省参议会议长）任名誉会长，李槐荫任会长，李棠荫任副会长，郝长春（郝为真曾孙）任秘书长。郝长春在上海教拳，槐荫特聘到并州。后郝长春回永年，从永年及邢台聘来多位名师。永年有韩钦贤、张振宗、李召荫、张旗，邢台有李宝玉。此时名家云集太原。之后孙禄堂闻讯从广州赶来。成立大会还请来了王子平等武林名师，诸人各自登台献艺，研讨拳理，交流武术，轰动全国。

当时众拳师一致建议，立起百日擂台，公推李宝玉做擂主。此时从江南江北、大河上下赶来的拳师名手千名以上。这次擂台赛上众拳师同仇敌忾，"以武强身，以武救国"口号响彻云霄。

这个时期，上海杨澄甫、天津霍元甲等都将秘藏拳谱公布于世。李槐荫、李棠荫亲回永年找堂兄李福荫、李召荫商讨出版《廉让堂太极拳谱》事宜，计划正式出版《廉让堂太极拳谱》。携稿回并州后，他们拿出多年积蓄的一万八千块银圆作为印刷、发行费用，免费发放一万余册。这为推进太极拳理论发展起了重要作用。

此时，李槐荫又集资办起"大陆餐厅"，一楼中餐，二楼西餐，后院旅社，接待各地来的太极名家。山西太原成为北方武林名人聚集的圣地。

李棠荫，字化南，毕业于中国大学法律系，1929 年在北平加入中国共产党。毕业后在山西太原做《山西晚报》记者，因印刷传单被捕入狱。李棠荫被其兄营救，出狱后回到永年，着手组织"斌儒学社"，收李屏藩、李锦藩、李迪生、赵振国四人为徒，明面习太极拳，其实是共产党地下组织。李棠荫苦练太极功夫，是"荫"字辈太极拳佼佼者，推手、杆子功夫纯正，散手尤为见长，可惜 1948 年新乡战役时壮烈牺牲。

李氏四代嫡传有：李屏藩、李锦藩、李正藩、李光藩堂兄弟四人。屏藩虽忙于革命，但练功不辍，抗日期间任县委书记也不忘练拳，与堂叔棠荫抽暇推手、舞杆。李锦藩，兆纶之曾孙，琴、棋、书、画样样精通。外表纯朴，内含蕴秀。自幼跟堂叔棠荫习太极拳，集多年练拳经验，手书《太极诲言》一册。

锦藩苦苦追求，善于思考，决心把老一辈太极真髓继承下来。在邯郸市南关小学任教时误被打成"现行反革命"，送唐家庄农场劳动教养。凑巧在农场认识了山西太谷县王宗岳嫡系传人，学了一套原汁原味的"王氏拳架"（126 式）。

1962 年"劳教"结束后，他回到故乡永年。此时许多拳师因多种原因回到故乡，其中有姚继祖、李迪生、翟文章等，这就成了交流拳艺的天赐之机。1970 年，其堂弟李光藩也由县城遣送回乡，两人每日切磋，自 1970 年至 1978 年间，每晚推手谈拳至深夜 12 点，一直坚持 8 年，从未间断。1978 年，光藩落实政策回县工作，休息日仍回乡与兄研究拳艺。1978 年后，锦藩公开收徒，其中永年西街有王润生、孔凡海、靳文彬等十几人，邯郸有乔松茂、李德龙。

1978 年后，各地太极拳师、武术杂志主编、记者登门造访者很多，广西《金色年华》主编严翰秀写成《访永年武氏太极拳传人——李锦藩》发表在《武术健身》杂志。李锦藩于 1991 年 6 月不幸逝世，享年 72 岁。

李正藩，1928 年生，李承纶（启轩）曾孙，李福荫之子。7 岁开始学习武式太极拳，稍长，学习推手，并在"永年太极园"受武、李、郝等前辈的指导，拳技打下一定基础。新中国成立初，李正藩毕业于清华大学。1965 年入川后，业余授徒，曾任四川省乐山市武协委员，后任乐山市武术协会太极拳专业委员会顾问兼武派太极拳总教练，五通桥区太极拳协会名誉会长。主要弟子有四川石磊、王方莘；重庆马仁济、赵中福；衡阳唐骋时、陶建成；邯郸马建秋、黄建新、丁进堂等。其弟子多为在当地享有盛名的拳师，曾在当地以及全国太极拳比赛中获得金牌。

李光藩，李宝廉之孙，李槐荫之子。自幼随父生活在太原、呼和浩特、北京等地。

1951 年，随母回到故乡，客居邯郸县齐固村，当年考上河北省永年师范学校。光藩自幼随父习太极拳，在小学练功队习练过弹腿、洪拳、鹰爪。在永年师范学习期间（三年半），校长郑炎对太极拳很热衷，曾聘郝为真曾孙郝向荣先生（名长春），教"一呼三发"武式太极拳。此时郝向荣任师范学校总务主任。他教拳时让光藩领练、助教。有时星期六晚上，郝长春约拳师张振宗、魏佩林、姚继祖秘密练拳，让光藩去通知众人。张振宗（俗叫张老玉）是郝为真之入室弟子，拳架、推手均属上乘。这个时期，是太极拳地下练拳、切磋时间最长，成效最大，使光藩受益最多的一个时期。

1970 年，光藩由县交通局遣送回乡劳动。此时永年因政治原因从各地回乡的人很多，其中拳术较精者有李锦藩、李迪生、姚继祖、翟文章等。

光藩与翟文章同居一院，东西两屋对门。翟文章可谓"太极迷"，俩人常说笑：开门便见面，见面便谈拳，谈拳便推手。每日早、晚，两人必在一块儿习太极拳。

永年这个时期练拳气氛很浓，南关有傅宗元、郝同文、关钦、林金声、张其、潘河清、白中信、郭庆亭、范保林、郝金祥等一个"集团军"；城内是李锦藩、李迪生、姚继祖、李光藩"武式太极"小团体。阴雨天不下地劳动，大家聚集一起谈拳推手，南关、城里相互交流，十分友好融洽。

1976 年春，郭庆亭接任永年城关公社棉织厂厂长，调光藩任业务员。光藩敬佩郭庆亭的人品、拳品；庆亭爱光藩光明磊落，俩人既是拳友又是挚友。

此刻光藩长住邯郸"工农兵旅馆"，每晨必去丛台公园晨练，在公园认识了韩文明之徒米孟久，由米孟久介绍认识了郭敬之（邯郸军分区司令）、宋书亭（邯郸市委副书记）以及拳友王长兴、张兴州、杨鸿壁、乔松茂、周文岐、高岐山等，并与高岐山成为莫逆之交。

1990 年春季，由乔松茂倡议，李光藩、翟金录、赵雨峰共同发起筹办"中国永年太极拳联谊会"。1991—1995 年三届联谊会，李光藩均做资料处长，并主编了《太极名家谈真谛》《永年太极拳资料集成》《太极拳论文集》三本著作。1995 年，李光藩被聘为省刊《中国太极拳》杂志执行副主编。1995 年创办《太极》杂志，并有《太极传奇》一书出版，同名电视剧本廿集。1996年元月，曾率永年代表团，赴京参加中国武协、中国武术院召开的武式太极拳竞赛套路审订会。近年多次赴上海、北京、海口、南宁等地交流、教授太极拳。

李氏家族历经四世传递研究太极，名人辈出，但时时牢记"谦虚待人，严格克己"的原则，在太极拳技上，一直在考验自我、挑战自我。家族历代相承用哲学观点解释太极，用科学态度认识太极，从而开创未来之路。望能与其他拳种及各界有志之士，再现武术昔日辉煌，为中华民族争一口气，把武术真髓继承下去，代代相传。

「太极拳论」详解　董英杰

太极者，无极而生，阴阳之母也。

【解】

不动为无极，已动为太极。无极生太极，太极分阴阳，由阴阳演为变化万象也。

动之则分，静之则合。

【解】

凡练太极，心意一动则分发四肢。太极生两仪、四象、八卦、九宫，即掤𤔤挤按採挒肘靠中定也。静则反本还元，复归无极，心神合一。满身空空洞洞，稍有接触即能知觉。

无过不及，随曲就伸。

【解】

不论练拳对敌，毋过毋不及，过与不及皆失重心点。如敌来攻，我顺化为曲，曲者弯也。如敌来攻不逞欲退，我随彼退时就伸，伸者出手发劲也。过有顶之弊，不及有丢之弊。不能随曲谓之抗，不能就伸谓之离。谨记"丢顶抗离"四病而去之。功到不即不离，方能随手凑巧，运用自如。

人刚我柔谓之走，我顺人背谓之粘。

【解】

与人对敌，如对方出力刚直，则我用柔软之手搭上，如皮鞭鞭物，紧紧缠搭在彼劲上，能放能长，对方纵欲摔开其难，譬如彼出大力，我随沾其手腕往后坐身，但手仍紧搭不离，往怀收转半个圈谓之走。走为化，以化其力。向其左方伸手使敌身侧不得力，则我为顺，人为背，粘之使不能走脱也。

动急则急应，动缓则缓随。

【解】

今者习拳同志多知柔化，不知急应之法，不易与外功对敌。如敌来势缓，则柔化跟随，此理甚明显。如敌来势急，则柔化焉能应付哉？须用太极截劲之法，不后不先之理以应之。何谓截劲？如行兵埋伏突出截击也。何谓不后不先？于敌手已发未到之际。我手于敌膊未直时截入，一发即去。此为迎头痛击法。然欲能动急则急应者，非得真传不可。

虽变化万端，而理唯一贯。

【解】

与人对敌，推手或散手，无论何着法，有大圈、小圈、半个圈之巧；有阴阳之奥妙；有步法之虚实；有太极阴阳鱼不丢顶之理，循环不息。变化虽有千万，太极之理则一也。

由著熟而渐悟懂劲，由懂劲而阶及神明。

【解】

著者拳式也。先学姿势正确，次要熟练，方能懂劲。今之练拳者专谈懂劲，忽视练拳功夫，舍本逐末，安能懂劲，更何能有发人之劲？古语云，方寸之术，可使高于岑楼。故欲阶及神明，必先求懂劲。欲求懂劲，必先求着熟。功夫由下而上，由低而高，不能僭越也。

然非用力之久，不能豁然贯通焉。

【解】

拳愈练愈精，功夫既到，则如水到渠成，豁然贯通。然非久练久熟，只尚空谈，不能达此境也。

虚领顶劲，气沉丹田。

【解】

顶者头顶也，此处道家称为泥丸宫，素呼天门。顶劲非用力往上顶，乃空虚而头容正一，精神上提。但不可气贯于顶。练久眼目光明，无头痛之病。丹田在脐下寸余，即小腹处，一身元气总聚于此。气归丹田，以意行之，通流四肢。气不能沉于丹田，则滞塞于一处，不能分运于四肢也。

不偏不倚，忽隐忽现。

【解】

不偏者守中土也，不论偏向何方，即易失重心。偏前则易拉倒，偏后则易推倒。偏左偏右，其弊相同。不倚者亦守中土也。例如用手按人，对方突然缩后或闪避，己身即跟跄前仆，失去重心，予人以可乘之机。此倚之弊也。《行功论》云，立身须中正安舒，支撑八面，即不偏不倚之意。隐者藏也，现者露也。设敌向我身击来，我身收束为隐，使敌不能施其力。如敌手往后回抽时，我随之跟进为现。敌不知我式之高低上下，无法挡御我手。例如河中小艇，人步践其上，必略低沉为隐，又裹步必随起为现。又犹龙之变化，能升能降。降则隐而藏形，现则飞升太虚兴云布雾。此理言太极能高能低，忽隐忽现，有神机莫测之妙。

左重则左虚，右重则右杳。

【解】

重者不动也。试思与人对敌而不动可乎？用拳必须身体活动，手脚敏捷，方能应敌。敌如击我左方，我身略偏虚使彼不能逞。如击我右方，我右肩往后收缩，使其拳来无所着。我体灵活，不可捉摸，即左重左虚，右重右杳也。

仰之则弥高，俯之则弥深。

【解】

仰为上，俯为下。敌欲高攻，我即因而高之，使不可及。敌欲压我下，我即因而降之，使敌失其重心。此守法也。设自己主动进攻，仰之弥高则眼上看，心想将敌人掷上屋顶。俯之弥深，则心想将敌人打入地内。昔班侯老师夏日在村外场（场即北方收粮场地）内乘凉。突来一人，拱手问班侯老师居处。答曰："吾即杨某也。"其人突出大食中三指袭击。老师见场内有草房高七八尺，招手曰："朋友请上去。"遂将其人击上屋顶。又曰："请速下回家觅医。"其人狼狈遁去。乡人问何能击之使上，曰仰之弥高也。有洛万子曾从班侯老师习技数年，欲试师技。班侯老师曰："将汝掷出元宝形好否？"万笑曰："且试之。"及较手，果如所言。万手脚朝天、右胯着地如元宝形，将胯摔脱矣。医疗数月方愈。万功夫甚好，至今尚健在。常曰俯之弥深利害极矣。

进之则愈长，退之则愈促。

【解】

向敌进攻或追击时，我进身跟步，步步逼之，使不能逃脱。故我手能愈进而愈长也。如不跟步，则手短不能及矣。退让敌人时，或虚身以化之，或退步以避之，随机应变，以其力不能及为度。故我能退而愈促也。总言之，即沾连粘随之妙，去丢顶离抗之病也。

一羽不能加，蝇虫不能落。

【解】

练功既久，感觉灵敏，稍有接触，即能感觉而应之。一羽毛之轻，我亦不驮；蝇虫之小，亦不能落我身。蝇虫附我身，如着落琉璃瓶，光滑不能立足。盖我以微妙之化力将蝇虫足分蹉也。能如此则太极之功成矣。昔班侯老师于夏日行功时，常卧树荫下休息。偶或风吹叶落其身上，随落随脱滑落地，不能停留。又常试己功，解襟仰卧榻上，捻金米（即小米）少许置脐上。但呼一声，小米犹弹弓射弹丸，飞射屋顶瓦面。班侯老师之功诚不可及，同志宜勉之。

人不知我，我独知人。英雄所向无敌，盖皆由此而及也。

【解】

与人对敌，不用固定方式。如诸葛用兵，或攻或守，敌莫能预测。谚云不知我葫芦里卖什么药，此人不知我也。自己能懂劲，则感觉灵敏。敌手稍动，我即知觉，随手凑巧应之。如非近身搭手，亦可离远审察敌之意图。此我独知人也。兵法云："知己知彼，百战百胜。"英雄所向无敌，盖由此而致也。

斯技旁门甚多，虽势有区别，概不外乎壮欺弱，慢让快耳。有力打无力，手慢让手快。是皆先天自然之能，非关学力而有也。

【解】

拳术种类甚多，各门姿势不同，注重力大手快以取胜则一。然此只应用天赋之本能，与所学之技艺无关也。太极之理，精微巧妙，非徒恃力大手快取胜，异于凡技也。

察四两拨千斤之句，显非力胜。

【解】

太极功深，有引进落空之妙，千斤无所施用，所谓四两拨千斤也。昔京西有富翁，庄宅如城，人称小府张宅。其人好武，家有镖师三十余人，慕广平府杨禄禅之名，托友武汝清往聘。及至，张见杨太师身躯瘦小，衣服朴素，貌不惊人，心轻之。因执礼不恭，设宴亦不丰。杨太师知其意，遂自酌自饮，略不旁顾。张不悦曰："常闻武兄言先生盛名，但不知太极果能打人乎？"杨太师曰："有三种人不可打。"张问："为何三种？"答曰："铜铸者、铁打者、木作者。此外无足论。"张曰："敝舍镖师卅余人，为首者刘教师，力能举五百斤，与戏可乎？"答曰："无妨。"及起试，刘发式猛如虎，拳风有声，临近，杨太师以右手引其落空，以左手轻拍之。刘跌出三丈外。张拊掌笑曰："真神技也。"遂使厨人重新换满汉盛宴，敬奉如师。刘虽力大如牛而不能胜，盖无巧也。由此可知显非力胜矣。

观耄耋御众之形，快何能为。

【解】

七八十岁为耄耋。耄耋能御众人，指练拳者言。不练拳，虽在壮年，欲敌一二人难矣。战定军山之老黄忠言："人老马不老，马老刀不老。"其言甚壮。练太极者，筋骨肉壮，血气充足，功夫至老不脱，人老而精神不老，故能御众人也。昔健侯老师与八九人较，众一拥而前围攻之。但见老师数个转身，众人俱已跌出，有八九尺者，亦有远至丈余者。老师时年近八十，耄耋御众，非妄言也。快何能为之"快"字，指无着数之快。此忙乱耳，非真快也，焉能应用。快而不失法度为真快，斯可应用矣。

立如平准，活似车轮。

【解】

立如平准，即立身中正，支撑四方八面，不偏不倚也。活似车轮，言气循环不息，环行全身，不稍迟滞，如车轮之转动也。

偏沉则随，双重则滞。

【解】

何谓偏沉？前说车轮之譬，犹用一脚偏踏车轮，自然随之而下。何谓双重？犹右脚踏上右方，左脚踏上左方，两方力量均衡，则滞而不能转动。其理甚明。

每见数年纯功，不能运化者，率皆自为人制，双重之病未悟耳。

【解】

尝有数人练太极拳，勤习不懈，用功五六年。与人较，则平日所学，全不能运用，不能制敌。有旁观者曰："汝用功五六年，可谓纯功矣，何以不能胜？"请演十三式观之。见其练法怒目切齿，奋力如牛，筋络尽露。旁观者笑曰："此为双重练法。尊驾未悟双重之病耳。"另一人曰："我不用力练五六年，为何连十岁顽童亦不能打倒？"又请演十三式观之。见其练法毫不着力，如风摆杨柳，飘摇浮荡。旁观者笑曰："此为双浮练法。尊驾为双浮误矣。"双重为病，双浮亦为病也。

欲避此病，须知阴阳。

【解】

欲避双重双浮之病，须明阴阳之理，阴阳即虚实也。

粘即是走，走即是粘；阳不离阴，阴不离阳；阴阳相济，方为懂劲。

【解】

总言之，沾连走化，懂敌人之劲也。前解甚多，不再赘述。

懂劲后愈练愈精。默识揣摩，渐至从心所欲。

【解】

能懂敌之来劲后，不断练习，即久练久熟，愈练愈精。常默识老师所授用法，揣摩其身手动作。极熟后，则意到手到，心手合一，渐至从心所欲矣。

本是舍己从人，多误舍近求远。

【解】

与敌对手，要随人所动，不可自动。吾师澄甫先生常言，由己则滞，从人则活。能从人便得落空之妙。由己及不能由己，能从人便能由己。理虽奥妙而确切。惟功夫未到，则不易领略其意耳。常人与敌对手，多不用近而用远。须知以静待动，机到即发为近；出手慌忙，上下寻机击敌为远。此多误舍近而求远也。

所谓差之毫厘，谬之千里，学者不可不详辨焉。是为论。

【解】

太极拳精微巧妙，分寸毫厘，不可差也。如差毫厘，等隔千里，不能应用矣。学者于此，不可不注意焉。

「太极拳论」解

陈固安

太极者，无极而生，动静之机，阴阳之母也。

【解】

太极指有形有象，无极指无形无象，万象皆空，"机"是变化的意思。万物之生负阴抱阳，一切事物都离不开阴阳的转换，各种事物都是从无到有，从小到大，从少到多，这就是无极而生太极。太极是有形有象，有动有静；阴阳消长，相生相克；生生不已，变化无穷的。因此，太极为阴阳之母。

动之则分，静之则合。

【解】

我身不动即所谓"静"。要"阴阳俱合"，如一动则"阴阳俱分"。太极拳中的阴阳就是顺逆、刚柔、轻沉、方圆、虚实、开合等的变换，也就是"分为阴""合为阳"，在运动中利用离心力和向心力的变化，以达到阴阳互用，刚柔相济的目的。

无过不及，随屈就伸。

【解】

沾粘连随、不丢不顶、无过不及、随屈就伸是太极拳技法的根本要领，如练习推手就要掌握这些要领。李亦畬先生《五字诀》中曾说："挨何处，心要用在何处，须向不丢不顶中讨消息。"与人相沾相粘时要随对方之动而动，彼屈我伸，彼伸我屈，紧紧咬住，既不丢（脱离）也不顶（撞）。手足进退起落要有尺寸，不使有稍过和不及的弊病。

人刚我柔谓之走，我顺人背谓之粘。

【解】

"人刚我柔谓之走，我顺人背谓之粘"，就是在一定条件下，由以弱制强进而转化为由弱变强的技击方法。如两人交手，人强我弱，我就需要以柔制刚，顺其来劲走化以引进落空，使其失去平衡变成背势而处于被动，我再利用已有的优势以顺粘背，由柔变刚，顺其失去平衡的方向，用粘劲迫使对方失败，达到以弱制强的目的。

动急则急应，动缓则缓随，虽变化万端，而理唯一贯。

【解】

这句是上一要领的进一步阐述。与人交手要想"我顺人背"，就必须我之缓急随彼之缓急，不自为缓急。这样才能沾连不断，随人所动，乘势而入，以轻制重，借力制人。要掌握这一技巧，就须两臂松静，不使有丝毫的拙力。若有拙力就不能舍己从人，也就不能"动急则急应，动缓则缓随"。李亦畬先生《五字诀》中说："由己则滞，从人则活。"只有从人才能缓急相随，运用屈伸开合、虚实刚柔、阴阳互用、动静无偏等错综变化的手法获取胜利。所以说，虽然变化万端而理为一贯，均不外乎屈伸开合、虚实刚柔、阴阳互用、动静无偏。

由著熟而渐悟懂劲，由懂劲而阶及神明，然非用力之久，不能豁然贯通焉。

【解】

这段讲的是练功的顺序，先求"著熟"（即招熟，动作正确熟练），著熟后即可逐渐领会劲的使用。这里说的"劲"含有两个内容，一方面是知己，一方面知人。平时习拳以练体，推手以应用，自然就能不断提高技巧。知人知己，即可了解来劲方向、大小，又可在我顺人背时便于借力发人。懂劲后继续持久不懈地练功，揣摩实践，就可一步一步地臻于神明，达到更高一级的阶段。这段说的练功步骤基本上是三个，首先求著熟；著熟后再求"懂劲"；懂劲后即可阶及神明。

虚领顶劲，气沉丹田。不偏不倚，忽隐忽现。

【解】

这段讲的是身法要领，无论练架或推手都需要虚领顶劲，气沉丹田。"虚领顶劲"就是神贯于顶，精神集中。头正劲缩顶自悬。头若不正，练拳会影响动作的正确，与人交手则易失去重心而为人所制。能虚领顶劲，精神自然就能提得起，才不会身法涣散，软塌无力。"气沉丹田"就是气向下沉，重心不移，这样才可气实步健。由于上领下沉，方能精神贯注，气势腾挪，起落转折，自然灵活。

"不偏不倚"指立身中正。太极拳着重于虚实刚柔、动静无偏的运化。所以《行功心解》也指出"立身中正安舒，支撑八面之势"。"忽隐忽现"是指虚实无定、变化无测。以上四句另为四个要求：头部要求；呼吸和下盘要求；躯干要求；虚实变化，也就是整个身势的要求。这四个要求密切相连，不可截然分割。

左重则左虚，右重则右杳。

【解】

"杳"即没有迹象或不可捉摸的意思。上段"忽隐忽现"讲的是虚实变化，着重在练拳方面；这两句讲的是虚实变化的运用。太极拳着重于虚实之分，手实足亦实，手虚足亦虚，若与人推手相沾，觉其左边重则我和他相沾之处即变为虚。如其重力在右，我右边即变为虚。杳和虚在这里都是一个意思。李亦畲先生在《五字诀》中又对此做了进一步发挥，他说："左重则左虚而右已去，右重则右虚而左已去。"不仅讲了"化"劲，还讲了"发"劲。具体讲明了虚实变化在运用时的诀窍，也就是要随人所动，不可稍有抵抗，乘势引导使之落空，而我再就其空虚处予以还击。

仰之则弥高，俯之则弥深。进之则愈长，退之则愈促。

【解】

这段讲的是虚实变化在高低进退等方面的运用。若与人推手或交手，对方仰来（即手向高处来），我就向高处引进，但须肩臂放松，手虽随之高举（向上引进）而身要愈下坐势，腿插入对方裆内贴身欺进，彼即失去重心为我所制。

若对方低取，则我就愈向下方引进，身随势而欺之坐势下塌，欺于对方之上。这就是彼低我还低，使对方有如临深渊之感，造成上轻下重（偏重）之势，失去重心为我所制。若对方直前进击，则我顺其来势向后引进使之落空，重心前倾，而为我所制。如对方想退，我即趁机贴进相逼，使他欲退不能而失去重心。

总之，在推手和交手时，不管对方或退或进，或向我何处进击，我都要顺遂其势，沾连不丢，先化后发，以巧胜人。

一羽不能加，蝇虫不能落。人不知我，我独知人。英雄所向无敌，盖皆由此而及也。

【解】

这段讲的是虚实变化达到高级阶段的情况。"一羽不能加，蝇虫不能落"，是形容丝毫不顶的高超技巧。与人推手或交手要聚精会神，前进后退在以意为先的前提下轻灵贯穿。如能达到"一羽不能加，蝇虫不能落"，稍触即知的轻灵程度，自然就"人不知我，我独知人"。

斯技旁门甚多，虽势有区别，概不外壮欺弱，慢让快耳。有力打无力，手慢让手快，是皆先天自然之能，非关学力而有也。

【解】

这段是讲太极拳在击法上和其他拳术不同的地方。拳术种类虽多，且各有不同的特点，但总是以力、以快胜人。作者认为这都是"先天自然之能"，一旦遇着力量大于我和更快于我的对手就要败北。要想处于不败之地，就需要有巧妙的技巧。作者特别强调了练习（即实践）的重要性。他认为只有通过努力锻炼，才能变劣势为优势，扭转以力、以快胜人的"自然之能"。太极拳的技法特点是"从松静轻柔入手（即不用拙力），进而掌握沾连粘随、不丢不顶、无过不及、随屈就伸"，以及"人刚我柔谓之走，我顺人背谓之粘"等。

察四两拨千斤之句，显非力胜。观耄耋御众之形，快何能为。

【解】

这是作者进一步论证"以弱制强"的根据。"四两拨千斤"一语源出于"打手歌"，意思是力小可以胜力大。太极拳的技法特点是"以柔克刚"，遇见力大者要用松放的劲去克制他，松即是柔，放即是刚。我用松放劲牵制对方，使其失去重心，获得我顺人背之势，对方力量虽大也无济于事了。

"观耄耋御众之形，快何能为"，是作者通过具体实例来说明太极拳的另一个技法特点，即"制而后发"。别的拳术大都主张先发制人，即先下手为强。而太极拳则是反其道而行之，主张"制而后发"。对方出手无论多快，都要先露形迹，即有可乘之隙，我即以手敷之（敷即是沾），使对方欲动不能。在其被制之下，我即当乘势而钻，不钻不展，一钻疾发，如泉涌出，如皮燃火，猛不可防。对方手法虽快也难施展。

立如平准，活似车轮。

【解】

平准就是天平，是利用杠杆原理来测量重量的。

这段是讲身法的。太极拳无论练拳或推手，都要求立身中正、不偏不倚，两手支撑犹如天平之秤盘，稍重即沉，走以引化。《五字诀》说："由己则滞，从人则活，能从人手上便有分寸，秤彼劲之大小分厘不错，权彼之长短毫发无差"，是这段的最好注脚。

"活似车轮"讲的是以腰为主宰。步法上的旋转变化都是以腰为根株，无处不随腰部运动圆转。平时习拳和运动时，要步随身换，手领眼随，聚精会神，上下兼顾，如此进退旋转，才能轻灵自如化发由己。

偏沉则随，双重则滞。

【解】

这段讲的还是身法。要"立如平准"，秤彼劲之大小，以腰为主宰，"活似车轮"地去引化发放，就必须避免双重的毛病。所以作者特别强调指出"偏重则随"，就可以从人、能化、能发。"双重则滞"，所谓"双重"就是用力与人对抗形成僵滞的顶劲，变化不灵失去了平准作用，易为人制而不能制人。往往见有数年纯功的人，一旦应用仍不能走化发放，主要原因在于双重。所以平时习拳或运用，要特别注意克服这一弊病。如与人交手，必须掌握先定后动，意要占先，并运用"轻灵松软，外柔内刚"八字诀的要领使梢节与中节起到杠杆作用，腰胯随之而抽动，正身拧裹，裹裆护肫，气实步健，以达心身相应、上下相随，这样才能避免双重的弊病，而达到偏重则随、能化能发、不丢不顶、人不知我、我独知人之境界。

每见数年纯功，不能运化者，率皆自为人制，双重之病未悟耳。

【解】

这段进一步强调指出"双重"的危害性。能否克服双重的弊病是胜败的关键。虽有数年纯功，若不明双重，与人交手仍会为人所制而不能制于人。造成双重这一弊病的原因有两个：一是在运转走化方面不得其传；一是对双重的劲别弊病不明确。

欲避此病，须知阴阳。粘即是走，走即是粘；阴不离阳，阳不离阴；阴阳相济，方为懂劲。

【解】

这段讲的是克服双重的方法。欲避免双重要先知阴阳，阴阳在这里作虚实解。与人交手或推手稍觉有双重（即相抗），即迅速转为偏沉，上肢或裹或拧，下肢抽腰胯，正身形，即变为单重则随之势。处处虚实明确，虚处有阴，实处有阳，虽分阴阳而仍粘连不脱，能沾能走。所谓"阴不离阳，阳不离阴"，就是彼实我虚，彼虚我实；阴变为阳，阳变为阴；相互转化，相辅相成，无丝毫主观、偏见，完全按照对方的变化而变化。如能做到随人之意，而变化虚实毫厘不爽，以求我顺人背，才算真正达到懂劲的境界。

懂劲后愈练愈精，默识揣摩，渐至从心所欲。

【解】

这段讲的是懂劲后的进一步要求。练太极拳尤其是学习推手，首先要求懂劲，懂劲后才算入门，循此以往，愈练愈精。除了坚持不懈地练拳和推手外，还要认真研究揣摩，不断总结经验体会。如有所悟，则默化于心，心动则意生，意动则气随，练之益久，技益精湛，加之默识揣摩，就可逐渐做到"从心所欲"了。

本是舍己从人，多误舍近求远。

【解】

这段讲的是"舍己从人"和"舍近求远"的区别。太极拳的技击特点是在"沾连粘随"中求我顺人背、人为我制，为此要舍己从人。但舍己从人绝不是任人摆布处处被动，而是在从人的过程中要主动地因势利导，使对方陷入失重的困境，即可为我所制。因此，在从人的过程中要以从近而不从远为原则，如从远则易走出自己的范围，造成自己失重陷于危境。从近则主动，从远则被动。如与人交手，对方来势必有一定方向，我即随其方向走化，不丢不顶，粘而随之，迫使对方落空或跌出。为此要掌握无过不及、随屈就伸的原则，才能随彼所动而不舍近求远。如不理解这些，或是任人摆布，或是盲目进攻，多易使己陷入困境。

所谓差之毫厘，谬之千里，学者不可不详辨焉。是为论。

【解】

这段是对以上诸段的总结。太极拳推手首先要求懂劲，懂劲才能愈练愈精，着法运用始能达到精敏神巧、从心所欲。如不懂劲，与人相沾相触，容易顶抗而不能走化。但懂劲是建立在身法正确、着法熟练基础之上的。不然的话，就会事倍功半、枉费徒劳，一搭手就会发生顶劲，越顶越撞、越滞、越不灵活，所谓差之毫厘，就会谬之千里。

「太极拳论」诠释　李迪生

太极宗师王宗岳所著《太极拳论》，是内家拳术之经典著作。该论言简意赅，说明太极拳之生成、变化、练法等，法周用广，已被太极拳练习者用作典范。照此练习，必收效果。笔者不揣浅陋，现用一般语汇，予以诠释，以飨读者，参次运用，更将发扬光大，求研有据，延续无穷。兹释于下。

太极者，无极而生，阴阳之母也。动之则分，静之则合。

【解】

在天地没有分开之时，一片混混沌沌的，这就是无极。由无极生太极，太极负阴抱阳，故太极生两仪，就是指的阴阳。两仪生四象，有的说四象是指春、夏、秋、冬，但太极拳中，是指太阳、少阳、太阴、少阴的。由于阴阳相错而生万物，所以说太极是阴阳之母也。

"动之则分，静之则合。"动为阳，静为阴；实为阳，虚为阴；动为开，静为合；故阴阳、虚实、动静、开合等，相互关联，相次为用，所以说动时则分，静时则合。太极拳以它的阴阳虚实，相生不已，故变化无穷。

无过不及，随屈就伸。人刚我柔谓之走，我顺人背谓之粘。

【解】

太极拳是以沾、粘、连、随，不丢不顶练起。这是首先练习的切身功夫。所以拳论指出"无过不及"的要求要领。"无过"者须随对方之势，不要犯顶的弊病；"不及"者须随对方之势，不要犯丢的弊病，那就要彼屈我伸，彼伸我屈，故随屈就伸要做到恰到好处，既不能顶，也不能丢。因为太极拳的技击要领，是借人之力，那就得随人所动，就人之势。故学者首先要从不丢不顶中下功夫，从这里了解对方的情况，安排自己的意图。

对方用刚猛之劲向我发来，我毫不顶抗，而是用沾粘之内劲，顺来势走化，使他的来劲落空。这种柔化的方法，就叫作走。此时我由背势变成顺势。在我顺人背的基础上，我的内劲才能粘着对方。可见"粘"的劲法，必须保持我成顺势。但自己的身法，要无有缺陷，才能顺背变换，得机得势；才能刚来柔走，柔来刚粘；才能适机发放，应付裕如。

动急则急应，动缓则缓随，虽变化万端，而理唯一贯。由著熟而渐悟懂劲，由懂劲而阶及神明，然非用力之久，不能豁然贯通焉。

【解】

太极拳在发放的技术上，是用"随人所动""舍己从人"的艺术，来感知对方来劲的长短、强弱、方向等，再从其中找出对方的弱点。若感知对方急来猛劲，就得紧急柔圆走化，以应付来力，使之落空。如感知对方来的是缓和之劲，就随之演变。但随人不能一味盲从，当变则变，否则是要吃亏的。不管对方千变万化，我总是用沾、连、粘、随、舍己从人，找对方缺陷，而予以制之。但自己必须全身放松，心静气敛，保持自己的身法中正安舒，手法不乱，才能有应付裕如的效果。

太极拳进一步锻炼，达到懂劲；再而达到神明阶段，实非易事。必须在明师指导下，深明拳理，再通过拳架、桩功练成周身一家脚手随；再通过推手、散手等，锻炼自己的准确功夫，逐步达到懂劲。而自己必得锲而不舍，千遍万遍地练下去，才能豁然贯通。如若练练停停，一曝十寒，浅尝辄止，想达到神明，绝非易事也。但我们只要有恒心，人一能之，己十之；人十能之，己百之，就定能有成。希练者共勉之。

虚领顶劲，气沉丹田。不偏不倚，忽隐忽现。左重则左虚，右重则右杳。仰之则弥高，俯之则弥深。进之则愈长，退之则愈促。一羽不能加，蝇虫不能落。人不知我，我独知人。英雄所向无敌，盖皆由此而及也。

【解】

太极拳身法要求"虚领顶劲"，就是轻轻将头竖起，下颌微收。切记头竖起不是往上用力挺起，而是轻轻将头竖正，这就是拳法上所说"满身轻利顶头悬"。头竖正才能与尾闾中正，垂成一条直线，轴转灵活，精神振奋。"气沉丹田"者，丹田为元气积存之所，在脐下一寸三分的地方，又名气海。气沉不是憋气至丹田，而是在走架行功之时，全身放松，用意念导气至丹田。气下沉则不上浮，腹内松静，下盘自稳。"不偏不倚"者，是锻炼自己在行功走架之时，站立之势不可偏倚。必须尾闾中正，才能上下、前后、左右接转自如。"忽隐忽现"者，乃劲法之应用。虚实变换，扬沉莫测，用以抵御来力，方可得机得势。总之，只要自我顶头悬起，精神振奋，气沉丹田，尾闾正中，腹内松静，才能脚、腿、腰、臂完整一气，进退才能得机得势，走化自如，用劲得法。

"左重则左虚，右重则右杳……盖皆由此而及也。"这一节是具体说明太极拳技法的主要方法。以虚实变化、沾连粘随、不丢不顶的无穷变化，用自我感觉的实际体测，说明太极拳技术的应用。

"左重则左虚，右重则右杳"，当对方向我左臂加力，我左臂以柔化引进，使之落空。在引进的同时，我右臂随即向对方右侧突然发放，将对方发出。右重则右臂偏沉走化，我左臂于走化的同时，向对方左侧出击，将对方发出。"仰之弥高"者，对方欲往上引我，我即以沾随之劲，随之上走，使对方觉得高不可攀。"俯之弥深"者，即对方欲俯之向下引按，我即以沾随之劲，随之下沉，使对方觉得如临深渊，不测其底。"进之则愈长，退之则愈促"，对方欲进，我即以柔圆内劲引之而入，使对方觉得愈进愈长。对方欲退，我即以沾随之劲随其后退，但必须跟速轻微稍快，对方即觉得逼其退之不稳。"一羽不能加，蝇虫不能落"，是比喻感觉灵敏，即便微小力量加之自身，也能体测灵敏，变化恰当。总之，运用这些沾随劲法，都得是周身一家，不能是肢体之劲，否则一遇对方变劲，即不能应付。务希明白这点。身法上必须中正安舒，精神团聚，洞察对方，变化及时，这才能彻底知人知己。故太极高手，都是人不知我，我独知人，所向无敌，都是这样锻炼而成的。

斯技旁门甚多，虽势有区别，概不外壮欺弱，慢让快耳。有力打无力，手慢让手快，是皆先天自然之能，非关学力而有也。

【解】

在王宗岳所处的时代，当然武术拳种很多。他了解一些武术，都是运用人的先天带来的自然拙力作为打击能力。所以王宗岳指出，那些武术"虽势有区别，概不外有力打无力，手慢让手快。是皆先天自然之能，非关学力而有为也"。太极拳则非如此，它是在人的先天自然之能的基础上，用意识引导拳势动作，内外合一，锻炼成一种内在的力量，发挥出人体潜藏的劲法功能。动若江河，静如山岳，这是与其他武术的区别，更是太极拳独到之处。

察四两拨千斤之句，显非力胜。观耄耋御众之形，快何能为。

【解】

考察"四两拨千斤"这句话，很清楚是以小力胜大力。而观察八九十岁的老人能抵御几个强敌，可见其武术高明，已是神明了。

立如秤准，活似车轮，偏沉则随，双重则滞。每见数年纯功不能运化者，率皆自为人制，双重之病未悟耳。

【解】

"立如秤准"是太极拳要求自己锻炼成一羽不能加的灵敏感觉。故以立如秤准来作比喻，指出在研习拳架或推手等方面，要保持立身中正。好像一架秤似的（现在多以天平作比喻），遇有来力，即便轻如毛发，马上也能感知。非有这样的灵敏感觉，才能与对方粘走互变；才能以腰为轴，活似车轮，支撑八面，随化随打，永为顺势。

"偏沉"是松柔走化，为太极拳之主要技术。而"双重"是弊病，练者多有之。因双重是双方相顶相抗，互不走化，凭力量制人，这种方法为太极拳所不取，所以拳论指出"双重则滞"。欲解此病，即在接触对方僵滞之势，即偏沉走化，转换腰腿，成为顺势，双重之弊自解。另外自己的虚实，必须随时转换，不要在自身上产生一己之双重，这是十分重要的。

欲避此病，须知阴阳。粘即是走，走即是粘，阴不离阳，阳不离阴。阴阳相济，方为懂劲。

【解】

此段言"双重"之弊，是不知阴阳变化的结果。拳论曾指出，"人刚我柔谓之走，我顺人背谓之粘"。既然粘即是走，走即是粘，那么在粘中，要防对方刚柔的变化；在走中，要注意对方圆柔的粘变。这样才能阴不离阳，阳不离阴，在自我身上既能走化，又能粘制。到此地步，即明了虚实互变，阴阳相济也。故能谓之懂劲。

懂劲后，愈练愈精，默识揣摩，渐至从心所欲。

【解】 懂劲后更须努力锻炼，不能稍有懈怠。"默识揣摩"即是思考回忆，测度其意义，一遍又一遍地冥思苦想，加深了解，提高功力，即能达到更高境界。

本是舍己从人，多误舍近求远。所谓差之毫厘，谬之千里，学者不可不详辨焉。是为论。

【解】

"舍己从人"，为太极拳艺术的精华，从字义上很好了解，但做之甚难。因从人之中，变化无穷，并不是随人去挨打。在被动之中，我随之而动，从彼动之中，我沉着应变，来找对方漏洞，待机而变，这是自己的目的。反过来说，对方之动，也是有安排的，他准备随时遇机将我发放。所以我在随中所变的时间、方向、轻重等时机，必须掌握得恰到好处，才能变之有效，借彼之力，而予以发放。稍一不慎，反而被对方所乘，趁机制我，从人所动，即不生效，自我不能得到胜利。

故"舍己从人"这种艺术，千变万化。最好在明师指导下，多方示范，予以解说。通过自我不懈努力，默识揣摩，才能灵巧上身，转变自如，洵不易也。

太极拳解　李迪生

身虽动，心贵静，气须敛，神宜舒。

【解】

太极拳的艺术，讲究"后发制人"，是内外双修的。首先必须从动中转静，或者静中转动来下功夫。这样才能心静、气敛。否则神气不舒，即要产生暴燥之劲，甚至头上都急出汗，自然气机上浮，下盘不稳。所以在身动之时，心情不能紧张，自身保持气敛神舒。在不慌不乱中体测对方劲路，而予以制之。

心为令，气为旗，神为主帅，身为驱使。刻刻留意，方有所得。

【解】

我们的口语，都是以心为思维的主宰。故心发布命令，全身都受其指挥，这其实是大脑的思维作用，而以气为传达命令的工具，更主要是因为气能使精神振奋，也即意到、气到、精神贯注，才能出手有方。

若精神呆滞，出手无法，必致招式失败。这几句话，是说明运劲的过程，指出练习者必须从这几方面注意，看哪部分做得不够，即刻改正，才能有所进益。

先在心，后在身。在身则不知手之舞之足之蹈之，所谓"一气呵成""舍己从人""引进落空""四两拨千斤"也。

【解】

习练太极拳，须处处用心，也就是用脑去想，在练架子时，每一个动作是否合乎起、承、转、合，内外合一。在推手时锻炼知人知己的，必须特别用心（就是用脑思考，即拳论指出的默识揣摩，渐至从心所欲）体测对方劲路，也要体察自己每一个招式所用沾粘连随之劲是否得当，有无丢顶之弊。用心日久，即能达到身知，身知胜于心知，才能体测灵敏，一气呵成。舍己从人，引进落空，即能以小力胜大力，四两拨千斤也。

须知一动无有不动，一静无有不静。视动犹静，视静犹动。内固精神，外示安逸。

【解】

太极拳在发放技术上，是后发先至，以静制动。习者通过练架子、桩功等，练成周身一家脚手随，要动都动，动中寓静；要静都静，静中寓动。动若江河，静如山岳。在身内要保持精神高度集中，在外表要保持神态安逸。

须要从人，不要由己。从人则活，由自则滞。尚气者无力，养气者纯刚。

【解】

太极拳的艺术，是舍己从人，不要由己，但从人是体测对方缺陷，不是一味盲从，否则是要吃亏的。前已说明，不多叙述。气遍于空间，吐故纳新，善于调养，顺其自然，心平气和，涵养其气，畅达无阻。孟子说："吾善养吾浩然之气，至大至刚，以直养而无害。"暴燥之气，是拙力之源，为太极所不取。

彼不动，己不动；彼微动，己先动。以己依人，务要知己，乃能随转随接；以己粘人，必须知人，乃能不后不先。

【解】

在与对方接手之后，要沉着应变。彼若微动，我即体测其劲路、目的、方向等，而予以制之。但自己欲接近对方，应知自己此去为何，方能胸有成竹，随转随接。若用粘制之法，则必须知人的目的，才能在粘随的过程中，何时变劲，做到恰到好处。否则，对方变在我的前头，我反而被对方拿住，致遭失败。故应特别留意。

精神能提得起，则无双重之虞；粘依能跟得灵，方见落空之妙。往复须分阴阳，进退须有转合。机由己发，力从人借。发劲须上下相随，乃能一往无敌。立身须中正不偏，能八面支撑。静如山岳，动若江河。迈步如临渊，运劲如抽丝。蓄劲如张弓，发劲如放箭。

【解】

武术中精神为首要主宰。《五字诀》中指出，"神聚则一气鼓铸，炼气归神，其势腾挪，精神贯注，开合有致。"所以精神提起，顶头悬起，则自然无双重之虞。这样才能粘依跟得灵，方见落空之妙（粘依前曾解说，不再重述）。

明阳即虚实，必须在推手或行动中分得清楚，否则易成一己之双重，被对方乘机利用，制为背势。而在进退中，"转腰、换步"更为重要，所以要从腰腿转换中下功夫，否则上下不能顺随，产生凹凸，成为病态，尾闾即不能中正，更谈不上蓄发功能。所以习者应注意这方面的学习。

行气如九曲珠，无微不到，运劲如百炼钢，何坚不摧。形如搏兔之鹘，神似捕鼠之猫。曲中求直，蓄而后发。收即是放，连而不断。极柔软，然后极坚刚。能粘依，然后能灵活。气以直养而无害，劲以曲蓄而有余。渐至物来顺应，是亦知止能得矣。

【解】

"行气"的气，可看作劲的解释。因为意到气到，气到劲到，以气领劲。但这个气不能作呼吸之气讲，是意念促使神经系统运作，来指挥运劲到最微细的部位；好像九曲之珠（九曲言曲折太多也）一样，什么地方都能通到，即无微不到也。

"曲中求直，蓄而后发"，太极拳运劲是走弧线的。要曲中蓄气，直中发放。能蓄才能发。但曲中求直，必须知己，在自己顺势之中，什么时间求直，必得恰到好处，才能发放有效。否则机遇不合，即构成顶牛，推推搡搡，即便将对方发出，也不显轻灵。所以曲中求直，亦是太极拳中的主要技术。

武禹襄「十三势说略」诠释　李迪生

　　每一动，惟手先著力，随即松开。犹须贯串一气，不外起承转合。始而意动，既而劲动，转接要一线串成。

【解】

　　太极拳架子的练法，每一动手先着力，随即松开，依照起承转合的顺序，将这一势练完。接下一势仍然如此。整趟套路也是如此，转接一气贯串，意动劲动无有间断。这就是最重要的贯串一气，这样精心练下去，从内、外表现上，才能无有断续。

　　气宜鼓荡，神宜内敛，勿使有缺陷处，勿使有凹凸处，勿使有断续处。其根在脚，发于腿，主宰于腰，形于手指。由脚而腿而腰，总须完整一气，向前退后，乃能得机得势。有不得机得势处，身便散乱，必至偏倚，其病必于腰腿求之。上下、前后、左右皆然。

【解】

顶头悬起，气势鼓荡，精神内敛。神内敛，则气不浮躁，气向下沉。如此才能心静神舒，走架行功，周身之间，即无缺陷。每势之根在于脚，而脚腿腰必须完整一气，这是练成周身一家脚手随的关键，这样才能前进、后退得机得势。故自身觉得少有不随之处，要从腰、腿中有无缺陷来检验自己，予以改正。

凡此皆是意，不是外面。有上即有下，有前即有后，有左即有右。如意要向上，即寓下意。若将物掀起，而加挫之之力，斯其根自断，乃坏之速而无疑。

【解】

太极拳在练法上，都是以意念引导招式动作，无论是架势或劲法都是如此。这是内家拳练法的精粹所在。若单从外形入手，即为外家练法。应知意念是个力量，用意指导行动，不但速度快，而且出手力量大，发放劲长。相反如想停止，不但停止快，而且收后即蓄，可以连发连收，毫无痕迹。这即是以意导气，以气运身的结果。所以该段指出，"如意要向上，即寓下意"。此句即比喻，若将物掀起时，即先要用意引劲，运于该物之下，才能将它掀起，而加以挫之之力，它的根自断，当然坏之速而无疑也。其他前后、左右等皆如是也。前曾注释，兹不重复。

虚实宜分清楚，一处自有一处虚实，处处总此一虚实，周身节节贯串，勿令丝毫间断。

【解】

"虚实"在武术上十分重要，太极拳尤其如此。虚实不分，即产生双重或双浮，是为病态。从人的整体上看，各处都有虚实，手、臂、腰、膝、腿等等部位，都得分虚实，但均与整体有关。所以必须节节贯串，不能其中有间断之处，否则通身滞碍不灵，难成高妙之手。

武澄清拳论

释原论

动："动之则分，静之则合。"分为阴阳之分，合为阴阳之合，太极之形如此。分合皆谓己而言。"人不知我，我独知人"，懂劲之谓也，揣摩日久自悉矣。

引："引劲落空合即出"，"四两拨千斤"，合即拨也，此字能悟，真有夙慧者也。

"左重""右重""仰之""俯之""进之""退之"，是谓人也。"左虚""右杳""弥高""弥深""愈长""愈促"，是谓己亦谓人也。虚、杳、高、深、长，是人觉如此，我引彼落空也。"退之则愈促"，迫彼无容身之地，如悬崖勒马，非懂劲不能走也。此六句，上、下、左、右、前、后之谓是矣。

"偏沉则随，双重则滞"，是比"活似车轮"而言，乃己之谓也。一边沉则转，两边重则滞，不使双重，即不为人制矣！是言己之病也。硬则如此，软则随，随则舍己从人，不致胶柱鼓瑟矣！

打手论

　　初学打手，先学搂、按、肘。此用搂，彼用肘；此用按，彼用搂；此用肘，彼用按……二人一样，手不离肘，肘不离手，互相粘连，来往循环，周而复始，谓之"老三着"。以后，高势、低势，逐渐增多，周身上下，打在何处，何处接应，身随劲（己之劲）转。论内劲，不论外形。此打手磨练之法，练的纯熟时，能引劲（人之劲）落空合（拨也）即出，则艺业成矣。然非懂劲（此劲兼言人己），不能知人之劲怎样来，己之劲当怎样引。此中巧妙，必须心悟，不能口传。心知才能身知，身知胜于心知。徒心知尚不能适用，待到身知，方能懂劲。懂劲洵不易也。

　　原注：搂，本音楼，牵也。又，龙珠切，曳也，挽使伸也。俗音吕。

八法打手歌

　　　　　　掤搌挤按须认真，采挒肘靠就曲伸，
　　　　　　进退顾盼与中定，粘连依随虚实分；
　　　　　　手足相随腰腿整，引劲落空妙如神，
　　　　　　任他巨力向前打，牵动四两拨千斤。

武汝清拳论

　　夫拳名太极者，阴阳虚实也。虚实明，然后知进退。进固是进，进中有退；退仍是进，退中稳有进机。此中转关在身法：虚领顶劲，含胸拔背，则精神提得起；气沉丹田，而裹裆护肫，则周转健捷；肘宜曲，曲而能伸，则支撑得势；膝宜曲，蓄而能发，则发劲有力。

　　至与人交手，手先着力，只听人劲。务要由人，不要由己，务要知人，不要使人知己。"知人"则上下、前后、左右自能引进落空，则人背我顺。此中转关，在于松肩，主宰于腰，立根在脚，俱听命于心；"一动无有不动，一静无有不静"，上下一气，即所谓"立如平准，活似车轮"，"支撑八面"，"所向无敌"。人劲方来，未能发出，我即打去，谓之打闷劲。人劲已来，我早静待，着身便随打去，所谓打来劲。人劲已落空，将欲换劲，我随打去，此谓打回劲。由此体验，留心揣摩，自能从心所欲，阶及神明焉。

　　编者按：本文作者武汝清，字酌堂，乃禹襄之二哥。道光二十年庚子科进士，曾官刑部四川司员外郎。

五字诀

李亦畲 著　李光藩 解

一曰心静。

心不静则不专，一举手前后左右全无定向，故要心静。

【解】

心即脑也，脑不可走私别想。心静不下来，自然不能专一；心如不静，举手抬脚无度，不是方向不对，便是步幅不合。所以说走架、打手首要"专一心静"，心无二用。

起初举动，未能由己，要息心体认，随人所动，随屈就伸，不丢不顶，勿自伸缩。

【解】

开始练习举手投足，意志难以控制行动，先要用心，所谓先在心后在身。要随人所动而动，舍己而从人，中有沾、连、粘、随四字切记于心。

彼有力，我亦有力，我力在先；彼无力，我亦无

力，我意仍在先。

【解】

太极拳"后发先至"，无论彼有力无力，我意先行，必占主动。

要刻刻留意，挨何处，心要用在何处，须向不丢不顶中讨消息。

【解】

每时每刻要留心，对方挨在我何处，我"意"必用在何处，只有在不丢不顶中才能知晓对方的意图，才能心领神会。

从此做去，一年半载，便能施于身。此全是用意，不是用劲，久之则人为我制，我不为人制矣。

【解】

按以上练功方法，一年半载功夫便能"上身"。此全是用"心意"体会，不是用拙力，久之，则我处处能沾走顺从，人不好制我，我好制人。对方一举一动均在我"意料"之中，做到心中有底，手上有分寸，脚下有根基。

二曰身灵。

身滞则进退不能自如，故要身灵。

【解】

身体四肢须灵动自如，"身滞"犯僵硬之病，所谓迈步如捕鼠之猫，此中有"轻则灵"之理。

举手不可有呆相。彼之力方碍我皮毛，我之意已入彼骨内。

【解】

举手投足不可有呆傻之相，对方的力刚挨我皮外，我的"意"已潜入对方之骨内（掌握住对方之动向）。

两手支撑，一气贯穿，左重则左虚，而右已去。右重则右虚，而左已去。气如车轮，周身俱要相随。有不相随处，身便散乱，便不得力，其病于腰腿求之。

【解】

腰为灵动之"轴"，气为转换之"源"，气遍身躯，着"意"转换，上以两臂撑"圆"，中由"腰轴"转换，下借地力。"劲"由内变，开合自如，有不得力处，必是"双重"之病，气滞则身不灵，身不灵则"气"不活，顺、背、走、沾不得其用，进退不得自如，腰胯不得其用，其病在"腰"而根在"腿"，其病在"腰胯"开合中求之。

先以心使身，从人不从己，后身能从心。由己仍是从人。由己则滞，从人则活。能从人，手上便有分寸，秤彼动之大小，分厘不错；权彼来之长短，毫发无差。前进后退，处处恰合，工弥久而技弥精矣。

【解】

舍己从人，谈何容易。舍己，必具备三个条件：其一，走架功底着实，下盘稳固；其二，推手时两肱前节有力，双臂撑圆（似松非松，外柔内刚）；其三，腰轴灵动，两胯抽动自如。此时虚实开合自由己定，舍己从人，"背、顺、沾、走"，心中有数。手上有分寸，脚下知短长，前进后退，自能得机得势。功久则技艺精湛，练一日艺精一日，所谓懂劲后愈练愈精。

三曰气敛。

气势散漫，便无含蓄，身易散乱。

【解】

再讲气敛，真气收敛入骨，力源自能久远。气势散漫松弛，内无"开合"之气，动作自无章法，身体则易散乱。

务使气敛入脊骨，呼吸通灵，周身罔间。吸为合、为蓄；呼为开、为发。

【解】

丹田为存气之海，阴阳两气变化往复，均于气海分出阴阳二气。阴阳两气收敛入脊骨，以吸为蓄存于气海，呼为发劲发于脊骨。

盖吸则自然提得起，亦拿得人起；呼则自然沉得下，亦放得人出。此是以意运气，非以力使气也。

【解】

古时发人"哼、呵"出声，表现出丹田之内气爆发力。拿人时自然沉得下（蓄力坚实充沛），放人时，丹田力源"爆发"（也可谓引爆），人自然被发出。此都是用"意"支配，不是使蛮拙之力。

四曰劲整。

一身之劲，练成一家，分清虚实。

【解】

古拳师常说：周身一家脚手随。又云：周身一家，艺练一日精一日，功夫已上身入内，此时虚实开合着着合度。

发劲要有根源，劲起于脚根，主于腰间，形于手指，发于脊骨。

【解】

此句讲"气"之运行路线。逆行顺行两条线路，劲由气导，气由上而下，由下而上，往复循环，连绵不断（松胸而下，贴脊而上），"阴阳"二气，互借互补（即阳中有阴，阴中有阳，阳不离阴，阴不离阳），往复交织，遍体四肢无处不至。此时，劲路畅通，劲起于脚跟，注于腰际，运于两臂，行于手指。存"爆发"之力于丹田。准备工作已完备，此整装待发之势。

又要提起全副精神，于彼劲将出未发之际，我劲已接入彼劲，恰好不后不先，如皮燃火，如泉涌出，前进后退，无丝毫散乱。

【解】

头为万军之帅，帅旗高竖，千军万马听令；双目炯炯有神，直刺敌之喉结。此刻，敌我均处于"劲整"之时，是接劲打劲的最佳时刻。这个"时机"要把握得十分准确（不后不先）。我之劲与彼之劲成为一体，我的劲力速度"如皮燃火"，劲力之长久"如泉涌出"，此时前进后退，得机得势。

曲中求直，蓄而后发，方能随手奏效，此谓借力打人，四两拨千斤也。

【解】

曲而蓄力，直而发人。古人云：两人处"劲整"之时，又同处一直线上，才能一方被发出。发出与被发出全在两人"顺、背"之中；"顺劲"者能借人之力，"背劲"者被人拿"空"，根断身飘，自然有四两拨千斤之妙也。

五曰神聚。

上四者俱备，总归神聚。

【解】

以上四者俱备，总归炼气归神。"神聚"绝非一般之精神专一，乃精神团聚，周身轻灵。

神聚则一气鼓铸，炼气归神，气势腾挪，精神贯注，开合有致，虚实清楚。

【解】

神不聚则一切散乱，神聚则丹田运转有力，炼气归神，将内潜运化之气行于百骸之中，百骸则听命于"心"，这时前进后退自如，开合虚实，都能听"令"于心。

左虚则右实，右虚则左实。虚非全然无力，气势要有腾挪；实非全然占煞，精神要贵贯注。紧要全在胸中腰间运化，不在外面。

【解】

此段应结合"虚实图说"对照着看。实，不是完全占实，实中有虚；虚，不是完全没有力，虚中有实。全身没有一处无虚实，又不能离开这个虚实，总要连绵不断，以意使气，用气运力。不是身体乱晃，四肢乱变。虚实就是开合，无虚实开合，还如何讲太极之理。胸中和腰胯之变化在内而不在外，胸中之运化，腰胯之变化，支配着外形。

力从人借，气由脊发。呼能气由脊发，气向下沉，由两肩收入脊骨，注于腰间，此气之由上而下也，谓之合。由腰形于脊骨，布于两膊，施于手指，此气之由下而上也，谓之开。

【解】

李亦畬作此书后，又增绘四幅《节节贯穿开合图》，对上行下行之气讲解甚明。

合便是收，开即是放。能懂得开合，便知阴阳，到此地位，工用一日，技精一日，渐至从心所欲，罔不如意矣。

【解】

"收"便是蓄，腰胯开而丹田缩紧，五弓俱成"屈"形；"放"便是"发"，屈中求直，蓄而后发，五弓俱开。懂得开合便能知己知人，到这个地步，练一日长一日功，渐能从心所欲，离太极拳顶峰已不远了。

走架打手行工要言

李亦畬　著　李光藩　解

　　昔人云，能引进落空，能四两拨千斤；不能引进落空，不能四两拨千斤。

【解】

　　古人之说，"四两拨千斤"乃比喻之语，非真四两之劲能拨千斤之力。此比喻小力胜大力，万不可认"死理"。引进落空并不"落空"，把对方拿"背"，根断身飘；非我把对方置于身外，"落在空地"。那就无沾粘之趣，也无处借彼之力了。

　　语甚该括，初学未由领悟，予加数语以解之，俾有志斯技者，得所从入，庶日进有功矣。

【解】

　　语言十分简要，初学拳者不能领悟，我加以解释，你如有志气学习拳技，取得"舍己从人"之功夫，由此而入，随着时间的延长必然有所进步。

欲要引进落空，四两拨千斤，先要知己知彼。欲要知己知彼，先要舍己从人。欲要舍己从人，先要得机得势。欲要得机得势，先要周身一家。欲要周身一家，先要周身无有缺陷。欲要周身无有缺陷，先要神气鼓荡。欲要神气鼓荡，先要提起精神，神不外散。欲要神不外散，先要神气收敛入骨。欲要神气收敛入骨，先要两膊前节有力，两肩松开，气向下沉，劲起于脚跟，变换在腿，含蓄在胸，运动在两肩，主宰在腰，上于两膊相系，下于两腿相随。劲由内换，收便是合，放即是开。静则俱静，静是合，合中寓开；动则俱动，动是开，开中寓合。触之则旋转自如，无不得力，才能引进落空，四两拨千斤。

【解】

此段不易分句注解，那样会支离破碎，而只从字面上注释，难以解透其中内涵，所以我试把其中因果关系，展示一二。李亦畬谈太极拳，常说：走架如有人，打手如无人。可见走架与打手之间的关系。

李亦畬不厌其烦用了九个"欲要"，又用了九个"先要"，最后用了一个"才能"总结全篇。以"引进落空，四两拨千斤"开头；又以"引进落空，四两拨千斤"结束，实是费尽苦心。这九个链条，是不可分割的一个"整体"，缺一便不能做到"引进落空，四两拨千斤"。

"得机得势"是"舍己从人，四两拨千斤"之前提。要想"得机得势"甚难！我得机得势才敢舍己从人。得机得势，人"背"我"顺"，进退伸缩自如。要得机得势，先必须具备周身一家、周身无缺陷、神气鼓荡、精神提起、神不外散、收敛入骨、两膊前节有力，此七项平日走架，俱要贯穿拳架之中，做到"步步操心，式式留意"。若能如此，何愁"打手"时不能"得机得势"。能式式如此，才敢"舍己从人"，自然能"四两拨千斤"。这个因果关系，学者不可不察，细细留心，自有收益。此时下盘有根，两膊撑得圆，腰轴灵动，双胯开合有致，步分阴阳，气由意领而内转，帅旗高举，精神百倍，气息通灵而遍布全身，自能得机得势，从人由己，化发自如，艺精矣。此篇与《五字诀》参照学习，自能识互通之理。

平日走架，是知己功夫。一动势先问自己，周身合上数项不合，少有不合，即速改换。走架所以要慢，不要快。

【解】

平常练拳架，是学习"知己"工夫，所谓"体"，是使自己的身体四肢，合乎太极阴阳开合之理，自我体验，息心体认。一招一势都要认真去做，按太极身法去要求自己，由外而内，内外兼修，少有不合，迅速改换，多做几次，熟能生巧，拳练万遍神理自显。走架要慢不要快，慢得像写毛笔字一样，一笔一划认真处理。

打手是知人功夫。动静固是知人，仍是问己。自己要安排得好，人一挨我，我不动彼丝毫，趁势而入，接定彼劲，彼自跌出。

【解】

打手是知道对方的功夫。洞悉对方的静与动固然是知人，但其实仍然是问自己（自我认识）。自己如果安排得好（此处有知人知己的过程），人刚刚挨着我，我不动对方丝毫（使对方不易察觉），趁对方的势而入，把自己的劲与对方紧密接住，对方自会跌出去（所谓打闷劲）。

如自己有不得力处，便是双重未化，要于阴阳开合中求之，所谓知己知彼，百战百胜也。

【解】

如发现自己有不得力处，那便犯了"双重"之病。"双重"者阴阳不分，即阴中无阳，阳中无阴。如双方搭手竞技，"大顶"为双重。两人手成架桥之势，腰眼平行顶死，谁也无走无化，则成了"牛抵头"之势。此病必然要使自己双腿有变化，腰眼上下抽动，有时右腰眼托左腰眼，左胯抽开；有时左腰眼托右腰眼，右胯抽开。这时开与合、阴与阳互助互辅，可以沾走自如。这腰胯开合，要看对方的"腰"形，不可自专。所谓"知己知彼，百战百胜"也。

胞弟启轩尝以球譬之，如置球于平坦，人莫可攀跻，强临其上，向前用力后跌，向后用力前跌，譬喻甚明。细揣其理，非舍己从人，一身一家之明证乎？得此一譬，引进落空，四两拨千斤之理，可尽人而明矣。

【解】

太极拳内含"阴""阳"之理，拳走弧形，步分阴阳，人能旋转自如，圆环之中找出"背""顺"。把太极比作一个圆球，是十分恰当的。要想身如球形，必周身一家，阴阳相济。如不到这个境界，还不适用。启轩公给大家的这个比喻，十分珍贵。

撒放密诀

李亦畬　著　李光藩　解

擎、引、松、放

擎起彼劲借彼力。中有灵字。

引到身前劲始蓄。中有敛字。

松开我劲勿使屈。中有静字。

放时腰脚认端的。中有整字。

"擎引松放"四字，有四不能：脚手不随者不能，身法散乱者不能，一身不成一家者不能，精神不团聚者不能。欲臻此境，须避此病，不然虽终身由之，究莫明其精妙矣。

【解】

"擎"字，古有"一柱擎天"之说，此处"擎"是说拿其一处，管其全身，所以说："擎拿"必须灵，拿得轻灵，借力有方。

"引"是我沾依，使彼不得脱，敌背我顺，屈中蓄力于腰胯之间，运化于胸中，做好"发放"准备工作。

"松"，我遍身松静，屈中求直。找好这个发放的直线，直入其腰，打其力点脚跟。此目标的认定，心必静。

"放"，发放人时，腰脚必然要认真，冲着一个方向，调动全身劲力，五弓对齐，放射一处。此刻周身成为一个整体，万卒听命主帅。

擎、引、松、放，讲解分割，其实在一眨眼工夫，四项俱有，分开是不能用的。两人放对，一伸手，什么也不用想，身知胜于心知。上面写"四不能"都练成"四能"，招之即来，来之能战，战之必胜。擎引松放，用之一时，练功十年。无有明师指点，学者十年苦心，要臻此境是不能够的。泰山顶上石刻一句，赠予同道：一览众山小。不登顶峰，怎观胜境。

敷字诀解

李正藩

　　《四字密诀》是应用于太极拳打手、散手化劲和发劲的秘诀，是以气而言的。如我们细细揣摩"以心行气""以气运身""意到则气到，气到则劲到"这些拳理，就会知道意、气、劲三者是一个统一体，而又以意为主导，也就是所谓"心为令，气为旗""先在心，后在身"，是以意识来支配行动的。

　　《四字密诀》中，以"敷"为首要，敷做得到家，盖、对、吞才能做得好，所以说"敷，所谓一言以蔽之也"，也就是讲，《四字密诀》中四字虽是一个整体，"敷"却最为关键，这一个字是可以统帅其他的。

　　什么是"敷"？"敷"就是以直养之气（呼吸自然顺遂，以内气来引导沾、连、粘、随，化发时吸则随之而化，呼则一发即出）将对方包裹周密。"人不知我，我独知人"，一搭手即粘住对方，一气贯串，八面支撑，不但使对方不能得机得势，而且使他欲进不得，欲退不能，好像被无形的网敷缚在身上，再也无法逃脱掉。这就是始而意动，继而内动，然后外动，意识、呼吸、动作之先后及其密切的结合。

太极拳以意指导一切，所以气未到而意先至，由意而气而劲，必先有意吞，而后方气吞与劲吞，"内动而后外发""内不动，外不发"，就是这个道理。

太极拳强调"舍己从人""后发制人"，那么太极拳是否是被动的拳术呢？不是的，形似被动而实则主动，外似被动而内则是主动。《五字诀》"心静"一节中讲："彼有力，我亦有力，我力在先；彼无力，我亦无力，我意仍在先。"说明意、力都在先，而不是在后。《四字密诀》中更说明我气在先，也不是在后。意、气、力都在先，只是含蓄于内，不露于外罢了。这是内功拳的精髓所在。具有这等功夫，也才能做到"人不知我，我独知人"。

太极拳是内功拳，武派太极尤重"内气潜转"（隐于内），"气势腾挪"（显于外），在打手、散手中以意气先声夺人，气未至而意已吞，这种外柔内刚，极柔软亦极刚强的气势，又有谁能抵挡得了呢？所以，"知己知彼，百战百胜"，那就是事有必至，理所当然了。

郝为真拳论

郝为真大师讲练太极拳有三层功。初层练习，身体如在水中，两足踏地，周身与手足动作，如有水之阻力。

二层练习，身体手足动作如在水中，而两足已浮起不着地，如长泅者浮游其间，皆自如也。

三层练习，身体愈轻灵，两足如在水面上行，到此时之景况，心中战战兢兢，如临深渊，如履薄冰，心中不敢有一毫放肆之意，神气稍一散乱，即恐身体沉下也。拳经云，神气四肢总要完整，一有不整，身必散乱，必至偏倚，而不能有灵活之妙用，即此意也。

初层功歌诀

如站水中至项深，身体中正气下沉。四肢动作有阻力，姿势变换要慢习。

二层功歌诀

如在水中身悬空，长江大河浮游中。腰如车轴精神涌，滔滔不断泅水行。

三层功歌诀

身体如在水上行，如临深渊履薄冰。全身精神须合住，稍微不慎坠水中。

手足论

手要毒，眼要尖，脚踏中门裆中站。

眼有鉴察之精，手有拨转之能，脚有行体之功。两肘不离肋，两手不离胸。乘其无备而攻之，出其不意而去之。脚起而钻，脚落而翻。不钻不翻，以寸为先，肩要催肘，肘要催手；腰要催胯，胯要催膝，膝要催足，其深察之。

顺人之势，借人之力，接人之劲，待人之巧。

三十六路短打名称

（1）不遮不架	（13）顺手飞仙掌	（25）十字跌
（2）格手挡风	（14）推手掌	（26）袖里一点红
（3）双风贯耳	（15）补面掌	（27）杀人不见血
（4）烈焰钻心	（16）里拴肘	（28）撒雁翅
（5）软手提袍	（17）外拴肘	（29）单銮袍
（6）单鞭救主	（18）对心肘	（30）冲天炮
（7）拗攦掤打	（19）左采手	（31）铁门拴
（8）霸王开弓	（20）右采手	（32）摸眉
（9）桓侯拍鼓	（21）里靠	（33）裹边炮
（10）玉女捧盒	（22）外靠	（34）童子拜观音
（11）摇枝寻梅	（23）十字靠	（35）朝天一炷香
（12）迎面飞仙掌	（24）迎门靠	（36）闭门铁扇子

李宝廉谈拳

李光藩　整理

一、谈"化劲"

太极拳全尚外柔内坚之劲，具伸缩性，如铁似绵，时坚如钢，时柔如绵。其柔虚坚实之分，全视来势而定：彼实我虚，彼虚我实；实者忽虚，虚者忽实，变化无常。彼不知我，我能知彼，使人莫测高深，进退自然散乱，则吾发劲，无不胜者。欲操其妙，须知"化劲"之法：曰沾、曰走。走以化敌，沾以制敌，二者暗合使用，才得心应手。

1. 沾劲

沾劲即"不丢"，不丢者，不离开也。与人交手时须沾住彼劲，使其不得"脱"。不但两手，全身各处均能沾住彼劲。吾之缓急但随彼之缓急而为缓急，不可自专，自然沾连不断。古人云：能沾依而后能灵活。感觉灵敏，自然能收我"顺"敌"背"之效，所谓"动急则急应，动缓则缓随"也。惟必须两臂松静，不使丝毫拙力，方能巧合相随。否则一遇彼劲，便无复活之望。有力者，喜自作主张，难以处处舍己从人。初学者，切莫性急，久练自能似松非松，将展未展，终能随心所欲，万无一失。

2. 走劲

走劲即"不顶"，就是不抵抗之谓也。与人交手时，不论左手右手，一觉有"重意"，与彼沾处即变"虚"，松一处则偏沉，稍觉"双重"即速偏沉，盖知彼之方向，吾随其方向而去（不可过，要适度），不稍抵抗，使彼劲落空，毫不得力（又不要发现我劲已去，用臂撑开，如此则有支撑点）。初学者非遇大劲不走，心中仍有"抵抗"之意，苦持不下，力大者胜。故"偏沉则随，双重则滞"，技精者，感觉灵敏，稍触即知，有"一羽不能加，蝇虫不能落"之妙境。练"不顶"时，首要用腰，腰不足动胯，胯不济方可动步。

"沾劲"与"走劲"合而用之则曰"化劲"。走主退，沾主进，进退相济不离，方为入门之道。由沾而听，由听而懂，由懂而走，由走而化。盖用"走劲"，使彼重心倾斜不稳，用"沾劲"，能使彼无法由不稳复归于稳。彼重心稳定与否，皆由我主之。彼之弱点，吾皆知之。总说来，"以静待动，后发先至"，"沾""走"之妙尽而知之。

二、谈"发劲"

1. 引劲

由化劲逆来顺受，引入我设的圈套之中，然后制之。彼屈我伸，彼伸我屈，虚实应付，毫厘不爽，忽隐忽现，变化莫测，己之动作俱作圆形，一环之中即有无数"走"与"沾"，随机而定，纯持感觉，其要不外一个"顺"字，吾顺彼背。彼有千斤之力，亦无所用，故有"四两拨千斤"之句。能"引"则能"拿"，能"拿"而后能"发"。引发、拿发，合而为一。

2. 拿劲

引后能拿，则人身无主，气难行走。拿人须拿"活节"，为腕、肘、肩等枢纽部位；拿人用"腰腿"，内在"意气"。欲要发人，必先知拿人，不能拿即不能发，故"拿"较"发"更重要，"拿"是"发"的前提。

　　能引能拿，遂能发；发之不准，多因引之不合。故引、拿有莫大关系。发时方向、时机合适，人若弹丸脱手，无往不利。练至人体各部处处可用，功力必能融会贯通也。

李宝让谈拳

李锦藩　整理

一、"拨劲"。此即对方欲施力于我，而发我也。我权其力量大小，衡其快慢，察其路线，迎而发之。

二、"劲整"。此与先有差异，是指发人的刹那间，更言对方发我，即对方劲整之时。只有此时，才能将彼发出；除此之外，对方处于劲不整之时，我则不能发之矣。又曰：劲整之时处于最逆之境。又曰：双方均劲整才能一者被发出，谁胜谁负关键在于"拨劲"。

三、"己劲与对方劲"成一直线，方能发人。"接劲"后我得机得势，我力与彼力成一直线，而方向相反，对方才能跌出。

四、"跟劲"。回忆逊之祖父曾说：劲接着劲即"跟劲"，"揣揣摩摩"，随化随进，手与眉齐，甩胯磨腰，一腿管变劲（前腿），一腿管发劲（后腿），"掤"时我后腿蹬、前腿直。

内三合：心、意、气。外三合：手、脚、膝。

肩、肘、胯合而为一。

开呼发放动实阳沾，顺（背）。

合吸蓄收静虚阴走，柔（刚）。

逊之祖父说：脚贵在能旋转，能伸缩。右磨不行而变为左磨，上不行则下移，下不能则上移。

五、拔腰。多做腰腿动作。腰腿动作对后，要看效果："影响"对方情况，上面（搭手处）不要动，只用下面动（腰腿），上面劲与下面劲相等；常练下面劲，上边劲亦增，不然"上大下小"，"易于前扑"。

静如山岳中心不偏，八面支撑。

动若江河上下相随，一往无敌。

太极拳练法之我见

李迪生

　　五十多年前我在上初中时，自太极拳家李亦畲宗师之孙李棠荫学了太极拳。由于学习者目的不同，在学习的方法上也不一样。有的学习者是为了健身，便不必从拳术的技击应用上下功夫。但不管怎么说，总应按以下几个要求练习，效果才好。

　　1. 要依照老师的要求把姿势做正确。按照起、承、转、合的方法做对，身形自然正直，不偏不倚，虚领顶劲，含胸拔背，松肩坠肘，裹裆护肫，气沉丹田。这都是练好太极拳的基本要求。

　　2. 全身放松，肌肉和关节都没有僵硬的地方，下腹部始终松弛自然微鼓，不能紧张用力；不要有其他杂念，如此可使四肢百骸血脉畅通，每打完一遍拳，觉得精神舒畅，如静睡方醒，有浑身轻快之感。这样日久锻炼，自能祛病延年。

　　3. 呼吸自然，不可运劲憋气。肢体动作要以意识引导，达到运动要求。这样在姿势变换起伏动荡中，使人既有心神舒畅的感觉，又有连绵不断、刚柔相济、起伏相承的美感。

4. 注重内气的修炼。培养内气要由浅入深，先练太极静坐桩功。要求精神专一，神意气内含而不外散，内气不散于体外，方利于静养。

有些太极拳的学习者，除了健身以外还要探讨研究太极拳技击的特点和方法，这不是一件易事。因为任何一种拳术都有它独特之处，否则就不能流传下来。太极拳术也有其独特的练法，练架子除上述各点仍可参用外，还得加进其他练法。要点有：

1. 每一招式都必须按照老师的传授悉心研习，起承转合不能有不到或过火之处。架子学完后，必须每日抓紧时间练习，不能间断，遍数越多越好。练习后要思考所练的动作有无差错。这一点非常重要。

2. 以意识作指挥。每一招式从劲起于脚根（反弹力），用意念引导内劲到腰到脊，到肩到肘到腕到指。久之力到目的处必有胀麻感，手心（劳宫穴）必有突跳感。这就是"意领劲行"。不论如何变化，都要以意念作指挥，练习久了即可达到意到劲到，才能在应用上占个"先"字。拳谱曰："彼有力我亦有力，我力在先；彼无力我亦无力，我意仍在先。"意念传导的速度最快，所以必须用意念作指挥。

3. 通过走架子练成"周身一家脚手随"。因为我们是用意识引导练习的，随着动荡起伏变换把周身练成一家，要到都到（指腿身手而言），要去都去，要停都停，以及动静相间，都得用意作指挥。

4. 练太极内功。太极拳也是练气功，李亦畬宗师在《五字诀》中曾说："气势散漫，便无含蓄，身易散乱。务使气敛入脊骨，呼吸通灵，周身罔间……"太极拳内功习练日久，在指尖和劳宫穴都有气感，这种静功对练架子和推手都有辅助的作用。

以上是最基本的要求。

谈谈太极拳劲法应用

李迪生

太极拳是我国武术的古老拳种之一，不仅历史悠久，而且拳理深奥。它既有搏击之长，也有医术之功。它是集武术、医术于一体的内家拳术。概括地说，太极拳练架子必须轻、灵、松、静，外柔内刚，时阴时阳，虚实刚柔，运用变化非常灵活。与练架子同时并练的还有多种基本功法，如无极桩功、太极桩功、太极筑基功等，这些基本功法与拳架相辅相成。所以太极拳在养生、健体、技击、防身等多方面的功能，早被人们所喜爱。

太极是矛盾的对立统一体，是生化万物的主体。北宋哲学家周敦颐根据前代学说，提出"无极而太极"，认为太极一动一静产生阴阳万物。故太极拳法以阴阳变化为主体，在劲法上主要为阴柔阳刚，虚实兼备，阴中有阳，阳中有阴，此虚彼实，变化无穷。锻炼既久，体会出刚柔相济，对劲之变化逐渐达到身知，即谓之懂劲。懂劲后在理论与实践中即能豁然贯通。

太极拳数百年来名师辈出，习者甚众。因太极拳既有防身技击之术，又有健身养生之法，故研习者目的不一，练法当然亦有区别。技击之术是在人体内在生理机能的基础上，人为地锻炼成后天武术需要的各种技能。如太极拳的各种内劲和散手招、法的运用。如果习者不具备健全的、先天赋予的内在生理机能，即便有师父悉心传授也是练不成的。太极拳养生健身之法，习者是为了祛除疾病，增强体质，提高自身免疫功能，达到延年益寿之目的。在做法上是通过拳架运动及其他太极健身功法，使体质逐渐增强。由于不懈锻炼，使身体气血周流，内气充实，周身循环，通畅无阻，自能达到健身免疫。关于这方面的练法和其他辅助功法，本篇不多叙述。

一、太极拳的劲是怎样来的

劲者，气力也。每个人都有，有的人力气大些，有的人力气小些，这种力气运用在武术技击上，不是内在的灵劲。王宗岳《太极拳论》指出："有力打无力，手慢让手快，是皆先天自然之能，非关学力而有为也。"这种先天赋予的自然之能，不是太极劲法上要学习的。

太极拳所要学习的劲是怎样练来的？

第一通过练架子。在起初阶段，摒除一切杂念，以心行气，气运全身，摆正姿势。姿势是锻炼身法的基础。练时必须舌抵上腭，唇齿相合，自然呼吸，含胸拔背，松肩垂肘，尾闾收住，上下一致。身体中正安舒，每一落步要分清虚实，依照起、承、转、合将每式做完。武禹襄《十三势说略》中云："每一动，惟手先着力，随即松开，犹须贯串一气，不外起、承、转、合。始而意动，既而劲动，转接要一线串成。"上下左右相系，阴阳刚柔分清，眼视手之前方。习练既久，即能意到气到，气到劲到，意到何方劲到何方。这样长久练习就能产生太极拳法所要求的内劲，也称灵劲。

第二为桩功的练习。太极拳桩功是与练架子同时进行的。桩功是下盘稳固的基础，在推手锻炼中起重要作用。太极拳的桩功有马步桩、川步桩、太极筑基功中的乾元一气桩等数种。桩功习练既久，下盘稳如磐石。下盘有功，即不至于飘浮；若下盘无功，重心易于偏离。桩功练好，下部即能做到腿部屈伸自如，重心下降，推手时也能避免一采即俯、一按即仰之病。所以桩功与架子同时并练，可相互补充产生内劲。

二、太极拳劲法有多少

关于太极拳的劲法，数百年来历代太极拳家在实践中积累了许多宝贵的经验。他们将之固定下来，并总结成本门派的特殊劲法。这些劲法都是推手和散手技击上应用的。各门派研究发展的一些劲法，除门派内相传外，从不传与他人。但有的门派，因传承兴衰演变，有些劲法无人接传，久而久之，这些劲法只存其名，深奥精微之处则不为广大太极拳习练者所知，更谈不上使用。

太极拳的基本劲法为掤、捋、挤、按、采、挒、肘、靠八种，与进步、退步、左顾、右盼、中定合为十三势，为各门派所遵循。如果再加上各门派自己创研的各种劲法，有四十余种之多。数百年积累下来的这些宝贵的东西，均属细微的内劲。笔者从李亦畲宗师之孙李化南（李棠荫）先师学习太极拳，本门派有搓、拔、切、带、扬、沉、滚、吸八种劲法和太极筑基功等数种，一直是直系相传。在太极筑基功中，"乾元一气功"更为精妙。

这些劲法和桩功，用文字表达实难将奥妙细微之处说清楚，只能写出大概的情况。因为有些动作必须示范，学者才能领会清楚。否则，差之毫厘，谬以千里，不是那股劲，即不能用。另一点难处是变，如推手中双方搭手，我将对方右膊，对方乘势将右膊随捋势变为沉进，向我胸部靠逼，我即以左手变搓，腰略右转，同时将劲转到左侧，而右手停捋势变成拔劲而止。这些变化，都是意念支配下在同一个时间完成，可谓难矣。在这种变化中，关于调腰、换劲等之转变，用文字写不透彻，非示范不能完全明白。

三、太极拳劲法的应用

太极拳是一种技击性很强的拳术。从拳架上看，此拳绵软起伏，好似行云流水，美观大方，不含凶猛威力。其实太极拳的劲，是从柔中练出来的，所以称之为内劲。主要是意气力三合。太极拳劲法讲究，刚柔相济，极柔软而后极刚强，刚柔互为因果，虚实兼备，爆发力极强。这种变化的动力是"意"，因为太极拳劲法的运动是以"意"作指挥的。

1. 劲法的动力是意

什么是"意"？古老的说法，意就是心里想的，但以现在的认识，心里想实际是人的大脑思维。《十三势行功心解》云："先在心，后在身。"《十三势行工歌诀》云："势势存心揆用意。"又云："若言体用何为准，意气君来骨肉臣。"这都说明"意"在太极拳练法中起重要作用。

意即大脑活动思维的表现，它是通过神经传递对客观事物的反应，因此意念的传递速度是最快的，这就占了一个"先"字。武禹襄《太极拳解》中云："彼不动，己不动；彼微动，己先动。"李亦畲在《五字诀》中云："彼有力我亦有力，我力在先；彼无力我亦无力，我意仍在先。"可见"先"字是很重要的。所以劲法的动力就是"意"。它把一系列的招法、劲法用意念调动了自身和对方，使自己时刻都占"我顺人背"，在此基础上把对手劲路遏制，然后用最省力的方法击败对手。如果意念只能调动自己，而不能调动对手，遏制对方劲力，那是无功的。

2. 劲法的主要变化在腰胯的配合

太极拳身法的轻灵、圆活、升降全凭腰胯运动，武禹襄《十三势说略》中云："有不得机得势处，身便散乱，必至偏倚，其病必于腰腿求之。上下、前后、左右皆然。"腰的动作如此重要，因为它是全身动作之枢纽，人之旋转进退、虚实变化全靠腰劲贯串。太极拳的拿劲、发劲等以腰轴为主动，无腰即不能化人发人。特别是技击攻防中，无不通过腰部来维持调整自身重心，保持动作轻灵稳定。所以腰要"松"，松则气自下沉，下盘稳固。但腰松不是全部无力，腰部软而无力，就不能准确调节全身劲力分布，保持松而不僵即可。

王宗岳《十三势行工歌诀》中云："命意源头在腰隙。"李亦畬在《五字诀》中指出："劲起于脚根，主于腰间。"以上宗师们的论述，说明太极拳必须注重腰功的练习。要知在推手中只靠背、肱、手之走化、击发，往往收效不佳，转换不灵。

腰的前拥、后坐、左旋、右旋完全以意做动力。腰在适时走化、遏制对方劲力的发出等方面起重要的辅助作用。同时，在意念发出走化或击发的命令后，腰须在同一时间内负责协调动作。从这点看，腰轴可谓功莫大焉。

腰与胯相连，腰松胯亦松，有助于腰的转动。两胯分开，虚实变换，能适时转换方向，在走化与技击中起重要辅助作用。

3. 太极拳推手是锻炼太极复劲的园地

太极推手就是为了测验盘架中所获得的内劲。它是运用沾连粘随、舍己从人的方法，来探听对方来劲之长短及劲源的方向，而自己采取适当措施，逐渐练成知己知人的功夫。

太极拳的推手是为了练习懂劲，即知人知己的真正太极功夫。要熟练掌握掤、捋、挤、按、采、挒、肘、靠和搓、拔、切、带、扬、沉、滚、吸这些劲法。这些劲法都是在推手中常用的基本内劲。但使用时不是孤零零地逐个使用，而是在引化或发劲时，根据需要，把某些内劲配合在一起，形成另一股复劲。这种合在一起的"复劲"，形成浑元一体之劲，威力十分强大，对方不易走化而被发出。但这种"复劲"，不是固定的、永远不变的，而是临时组合，用毕即散。

这种混合的复劲，要根据对方来劲而组合，应境而生，才能将对方来劲走化击溃。但必须指出，只有在分别掌握上述各种劲法的基础上，才能正确地将各种内劲有选择地混合使用。如对方用劲向我按来，我首先用掤劲与对方接手。对方忽变"挤按"二劲，想将我之掤劲压瘪。对方使用"挤按"二劲，即为一瞬间的混合复劲。这"挤按"二劲不是合力，而是形成浑元一体的复劲。又如对方用"捋采"二劲，将我掤劲引化，我随用"肘靠"二劲进身。这一瞬间形成的"捋採""肘靠"统谓之复劲，都是浑元一体的。

复劲的临时组成，是无定数的。使用复劲时，不是事先设想，固定那几种内劲组成。而是完全取决于当时的情况，也就是说对方来的是什么劲，什么方向，根据情况，须在一刹那间决定使用哪些劲来合成浑元一体的复劲，引化或击发对方。至于使用得当与否，这要视使用者功夫高低，以及意念对客观情况反应的快慢、准确与否而定。

太极拳复劲的使用完全是以意念为动力，在身法的配合下，熟练运用各种内劲、阴阳变化来迅速完成。由于浑身上下皆在一体变化之中，使每一种内劲，随时都能够化成另一种内劲。在推手时，才能乘人之势，借人之力，将对方发出。

在推手中，内劲和招法可互相渗透，也就是说，术里有招，招里有术；刚柔相济，以柔克刚。

李亦畲在《五字诀》中指出："五曰神聚。……神聚则一气鼓铸，炼气归神，气势腾挪，精神贯注，开合有致，虚实清楚。"宗师指出了精神贯注的重要性。笔者偶见一些人，在推手锻炼中，闭眼歪头，好似用耳朵学听劲。这是一种不正确的身法，长期下去，即成病态，推手难以提高。

太极拳内劲在散手上的使用基本一样。但太极散手的接劲方法不一样，接劲后的变化、击法亦较威猛。如接劲不对，反而将劲裹在自己身边，是十分危险的。所以初学者必须在师父指导下练习入门，才能逐渐练习应用。

笔者以上所写内容，系个人体会，疏漏之处在所难免，仅供太极拳爱好者参考。

浅谈太极散手的练法和用法

李迪生

太极拳散手（以下简称太极散手）为徒手较量，有防身的实用价值，同时也是太极拳的组成部分，是太极拳后一阶段所必须学习锻炼的内容。譬如班侯与雄县柳的比手就用的是散手，葛福来在学太极拳时与郝为真的比手也是散手。故太极散手在太极拳后一阶段的学习十分必要。

太极散手有别于推手，它是在外力打来之际，自身迅速反应对抗的方法。若没有太极散手的锻炼，即没有胸有成竹的出拳方法，临时乱动一气，即成为有力打无力，手慢让手快，成为先天自然之能的一种打击方法。散手劲法则不是这样，它在瞬间应付外力之时，也是心平气静，不慌不乱，发劲有方，因它有接劲和进身的方法。这些方法是后天学来的，是经过长时锻炼而来的技能。

太极散手技击性很强，也有套路，但练法注重各势单练，要练到猛中有柔，柔中有刚，发劲迅速猛捷，落点准确，瞬息万变。所以我们要研究它技艺的科学性、练法的科学性，更须研究以人的意念思维为动力所支配的技击机能。

一、太极散手的练法

1. 学习太极散手必须有太极拳盘架的功法基础（任何流派架子套路都一样）。因为太极拳套路各式在练法上，都是以意引导不用拙力，在全身放松下使心情入静，按照每式动作起承开合的要领，完成一式的动作。就这样一式接一式地完成套路练习。演练日久，内劲就慢慢产生。这是以意识引导为动力的基础，即太极散手的第一基础。

2. 太极散手第二个基础，是推手功夫。因为推手是锻炼太极拳劲法的应用，是练习虚实变化。通过推手渐渐悟出立身中正的重要性。从舍己从人，沾粘连随入手，动急急应，动缓缓随，敌方来劲腰身自有走化之法。逐渐练习下去，即可懂得劲法的变化，明白沾走相生的功能，是为懂劲。故太极散手要有这个基础。

3. 太极散手的第三个练习基础是内功。没有扎实的内功功底，容易下盘不稳，接触外力不易走化，致使气浮上扬，飘动摇摆，反被敌方趁机得势而失败。另外，身体也不能整进整退，以致腾闪无度，时间稍长，步法即散乱，难以制人。

要知内劲增长须苦练桩功。有了内在的桩功基础，下盘自稳，呼吸深长，毫无不安之相，遇敌才能应付自如。

太极拳的桩功有多种，姿势有别，但功法却大致相同。笔者学习的为"乾元一气功"，故以此为例。这种功法分动功和静功。静功是练耐力的。要求全身放松，意守丹田，呼吸自然深长。站式两脚略宽于肩，圆裆落胯，脚趾抓地，涌泉穴不踏实；两膊平举，后收略弯，手心相对如抱球状，略低于肩。站桩时间每日至少两次，每次不少于三十分钟。这样锻炼不但增加耐力，而且不易飘浮。常练不懈，内劲增强，敌人有沉重感。动功口诀为"乾元一气功，此功有三层，先练上肢劲，次练腰身功，腿功最难练，中正为上乘"。动功是练走化和爆发力的。上肢功法四式："翻江倒海，气贯长虹，金丝缠葫芦，狮子滚绣球。"腰身功法五式："前进如张弓，后坐如堑坑，左右闪战空，扬走斜行路，沉如万钧重。"这些势法须在师传指导下练习。

4. 太极散手更重要的练法是喂劲，是对思维反应的训练。这个阶段很重要，是不能缺少的步骤。因为意念引导是达到身知的有效方法。通过盘架、推手、桩功等一系列的意念引导训练，有了太极散手基础。才能适应散手在变换劲法上的应用。反应速率的训练，必须通过喂劲诱导来完成，以达到劲法多变和出击准确。由此可知，散手的精粹在于内劲浑圆，接劲有方，爆发力强。非千锤百炼无以达到。

在喂劲阶段中要求达到的目的：第一，要在意念引导下训练思维反应的速度和判断的准确性。第二，锻炼准确的接劲方法。即在接劲的一瞬间，能正确处理自己应站的方向、步法，以及应用哪些方法制胜。第三，由于始终意念引导，当劲法上身后，即达到身知，逐步形成条件反射，能够准确感知对方缺陷，随时捕捉对方弱点，顺势以制人。

这些练法由浅而深，不能躐等而进。如学者已有太极拳基础（盘架、推手、桩功等），就无须重复初期的学习，从喂劲开始学习即可。总之，要防止欲速不达之弊，否则自误。

二、太极散手的用法

所谓散手，是两人徒手对势比赛，或在突然遭遇的情况下动起手来。王宗岳《太极拳论》中提到："观耄耋御众之形，快何能为。"那就是散手的打法。

太极散手的接劲方法，大体归纳为三，即侧接法、中接（正接）法、下接法。但不论哪种方法，其诀窍是不将敌方来劲裹在自己身上，也就是说当敌方来劲时，即把其劲力闪于空位，而我围绕敌方子午线（中线）给予重、轻或推放手法予以打击。这是太极散手的接劲艺术，也是其用法的特点。兹举例说明之。

1. 侧接法。如敌方以右拳（或掌）向我头部打来，我迅速以右封手将其来力缠住引开，同时，右垫步的右脚掌与腰突向斜右方旋转，使左膊向敌后侧延伸，以铁杵捣碓式向其右腋窝猛击。这是重击。若不须这样打击，则可随转身的同时，以左掌击其右肩，而将其向斜前方发出。左封手的接劲方法同右封手，只是方向相反。

2. 中接（正接）法。敌人突然以掌向我子午线打来。这时垫步闪身不及，若用胸部走化，而敌拳落点是不适于胸部走化的位置，但又错位不及，不能贸然承接，则须用金丝缠葫芦的切手，将其来力分开，随即以飞仙掌击其太阳穴；或用碓击廉泉、白蛇吐信等击其要害部位。如不须重击，可在金丝缠葫芦的切手分开的同时，旋腰落胯，以右膊缠绕敌左膊，向右斜下方抢转，我左膊随转推逼敌之右膊，斜平圆猛速转动，使敌方重心不稳，向我右方斜下偏离，我即用掤挤法将其发出。

3. 下接法。敌人突然用脚踢来，我急以垫步闪身，使其踢在空门，同时我以海底捞月抄其踢腿，在掀翻的同时用海底潜龙将其臁骨踢伤。若不这样，则在敌踢来时以弹腿将其蹚出。

学习太极拳以武德为上。古传早有明训：没有武德的人不教散手，恃强好斗者不教散手，会一吹十者不教散手。这是老辈遗留的戒条，现仍以为鉴。

以上所谈用法仅是举例，并不是非这几个架势不能应敌。因太极拳习练者文人较多，并不以拳术谋生，多求延年健身，对于散手中的技击和擒拿手法多不钻研，以致许多手法早已失传。所以，学者应多积累科学的技法，丰富拳法内容，作为人体力学的知识，这是它前进的方向。故写此篇以供太极拳研究者参考。

太极拳推手后期练法之「喂劲」　李迪生

　　喂劲不是太极拳劲法中一个劲的名称，而是太极拳推手练习中的一段学习过程。因为太极拳需要锻炼"知己知人"的功夫，达到"身知"，才能有用。练习喂劲就是要达到"身知"。对自己（知己）要求，要做到"一羽不能加，蝇虫不能落"，这就需要别人向自己身上加力（用任何劲法加爆发力），而所来之力传感到自己的某一部位后，不管来力大小轻微，立刻用相应的走化之法，使自己仍处于顺，仍占优势（我顺）。反之，是主动进击。须观看和体测对方有缺陷的那些部位，并立即做出判断，当用哪种劲法整体跟上去，使对方处于劣势（人背），而且还不能被对方走化；在即将走化的一瞬间，发出爆发力将对方击出。倘若自己思维体测反应不灵敏，所有的动作达不到要求，劲法变化无方，爆发力不及时，或爆发时方向不对等，就会贻误战机，被对方反击而处于劣势。所以必须练习喂劲，以达到胸有成竹、随动随化、浑圆一体的境界。

学习方法是两人互相喂劲，长期实践，互相提高。学习喂劲有四要素（也即四字诀）。

一、观（看）字诀：观其外形，看其眸子

喂劲第一个诀窍是观字诀，即观察对方外形，看对方眼神。因为人的动作，都是由内心支配，也即脑神经支配。心中所想由眼神传出，俗话说："眉头一皱，计上心来"。故必须聚精会神时刻注意对方眼神和两颊之变化，甚至嘴唇鼻尖的波动也在注视之中，用于推测对方的心灵变化，而达到细腻的知人本能。如对方眼神突然直视而呆纳（眼神暗藏），此时则其想加爆发力于对方。我在静中早有准备，故能承其来势而走化，并且这时他也正处于中定，我若突然加内劲而发之，彼必被措而出。

另外，观其肢体运动是否有所俯仰偏倚。如对方两峰上扬，必想挤按而蓄力，单峰上扬（左或右）必想动步或起腿；单峰沉斜（左或右）必想击肋或搂腿。对方身形若有俯仰偏倚，要随即依其形而暗进，即将对方拥起而拔断其根也。总之对方一有缺陷，随即跟上，切勿停留或有随而不足之处。以上细微的捕捉对方缺陷的方法，锻炼日久，自我敏感性越强，洞察能力越高，即能在自身协调变化之中而渐达身知矣。

二、转（闪）字诀：旋转落空，闪其劲力

喂劲第二诀窍是转（闪）字诀。怎样旋转，在与对方接劲后，随其所动。因太极之运动即是圆圈，不论这个圈所转弧度大小，均走曲线而不是直线，如环无端，力量加于其上，故能泻其力于空位。因而左转而击右，右转而击左。圆环之转动，要随其来力方向而变化。在转闪过程中自身必须周身一家而节节协调，勿使旋转有过或不及之病。如我方引人，当超过我之子午线后，对方即背，即能曲中求直，放对方于空位而发之（我顺）。若我被对方引过对方的子午线时，而腰身没有随其转动而暗进，即受制于人，造成背动。故须在其行动之时而有准备，即随引随

进，将我进之力旋转进于其力之下而求直，对方即背（人背）。最好是在被引之时，注意腿功的配合，周身一家，上动下随（腿不动则背），随动之中觉得轻灵，即是我顺，故轻灵即发，切勿停留。

三、进（轻）字诀：轻灵前进，攻其虚处

喂劲第三个诀窍，即轻灵前进，攻其虚处。太极拳以静制动，故在喂劲阶段练习中，既要练习知人，也要练习知己。而自己在进攻对方时应当如何前进，须练习并掌握"轻灵前进，攻其虚处"八字。拳论指出，"迈步如猫行"。这个比喻说明两个字，一个字是稳，另一个字是轻。因猫在捕捉小动物时，是矬腿往前平跑，平稳而蓄力。但在人的动作上该如何做呢？这就得做到"虚领顶劲，竖起脊椎"，前进后退、左顾右盼都不许身形歪斜；否则必致自身偏依，造成背境，为人所制。如左手在前与对方搭手，向前进步必须左手掤好对方左手；左脚踏实，左膝微屈，右脚抬起后从左脚内侧上步，随势而进；右手在前，向前进步时与左手相同。进步时身要微沉，进步的距离要短，脚尖先轻轻落地后急速往前滑行，后腿即跟上；若仍前进，即再滑步再跟步，有前拥之势。在退步时，动作稍快（不是逃跑），我手掤好对方，注意对方抬腿进步时，我才退步撤腿，用乙字步法（即前脚轻抬从实脚之侧后撤）或三尖撤退。切忌不要环腿出圈而致身斜，反被对方得势而进，造成背势。

四、发（整）字诀：整劲爆发，勿使有曲

喂劲第四诀窍是练习爆发力和爆发力点的准确性，来弥补推手中发力点不准的缺陷。因为在推手练习中，单纯对发力点的锻炼比较少，也不容易掌握，故而在喂劲中特别提出。

爆发力什么时候发出比较好，这没有固定的模式，总的来说，你必须将对方拿住，乘其背而发之。不易之处是抓这一瞬间的机会难于掌握，提前了会没拿死，稍迟点则机会过去了。做到恰到好处很不易，故必须在实践中专门练习，由一方喂劲，一方练发，互换学习，共同提高。如

你与对方推手，首先应当求顺。这就得随其所动而将其粘住，在往返走化中将对方拿背（我顺），他没有还手的余地而将他拥起，这一刹那间的机会不能错过，而且这是自身化、蓄、发的焦点，也正是你化、蓄、发一体完成的时刻，此时的爆发力突然向对方发出，而且是向对方倾斜不稳处所发。应特别注意，发点与落点的位置应在一条线上。要目视落点好像抛物一样。发劲要周身一家，勿使有曲，但发人远近与落点及手上扬的程度有关。

　　总之如上所述，喂劲的几个要素在讲法上虽然分别阐述，但在用法上是一个整体。在师父指导下通过一段时间锻炼后，自然融会贯通。能达到这个目的，懂劲就有了基础，即能愈练愈精而向高层次延伸。锲而不舍，金石可镂，希珍惜之。

谈谈"人刚我柔谓之走 我顺人背谓之粘"的变化关系　李迪生

王宗岳拳论中指出，"人刚我柔谓之走，我顺人背谓之粘"。从字面上理解，觉着明晰易懂，可是做起来却不是那么简单。因为这两句概括性的语言牵扯的内容很多，其中有刚柔顺背的关系怎么理解，在运用上应怎样去做等，都不是易事。习拳者在学推手的锻炼中，这两句话最重要，是打基础的课程。

第一句"人刚我柔谓之走"，是说对方有刚硬劲向我击来，我以柔软劲走化。初学者遇到这个问题时，不知该怎样柔才能化掉对方的刚劲。另一句话是"我顺人背谓之粘"，就是说我取得顺势时才能粘人。可见我若背是不能粘人的，相反也能被对方之顺将自己粘住。此时就须从背中再转变为顺。这种粘走的变化，实非易事，必须从根本上下功夫，才能逐渐上身为我所用。

一、完成粘走变化的基本功夫，必须具备以下几点要求

1. 全身放松，浑身上下没有僵滞之气

在学习推手过程中，首要的问题是全身放松，浑身上下毫无僵滞之气。不能一搭手硬胳膊硬腿的，那就失去了灵活，不能随人所动，更不能体测对方劲的动向、长短，所以搭手时自己之力应低于对方，能够将对方之劲掤起即可。另一方面自己全身放松，气沉丹田，气不上浮则下盘自稳，静以待动。

2. 虚领顶劲，尾闾中正，身体不偏不倚

推手时必须锻炼身法中正，以腰为轴，才能随转随接，支撑八面。否则不能得机得势。宗师武禹襄拳论中指出"命意源头在腰隙"，又在《太极拳解》中云："立身须中正不偏，方能支撑八面。"这样锻炼下去，自能一动无有不动，一静无有不静，周身浑圆一体，即能将来力泻于空位。

3. 走和粘的劲法，须有知己知人的功夫

走和粘的劲法不是那么简单，必须有知己知人的功夫，否则不易做到或者做不完备。何以言之？不知来力之刚劲是长是短，是虚是实，那么在随中要产生丢离之病。这是不能知人的表现。武禹襄在《太极拳解》中指出："以己粘人，必须知人，乃能不后不先。"所以必须了解对方之劲，才能以走劲而化之。若自己在走劲中得机得势，对方随之未变劲法，可是自己将发点错过，这时想发人也发不出，或者发不好，想粘也粘不住，这是知人的功夫不够所造成的病症。具体而言，这是因对方劲是活的，你在过与不及的分量上掌握不够所致。

4. 心情安静，精神集中

精神集中心无杂念，才能洞察对方，感知对方劲路的来龙去脉，才能气不上浮，下盘自稳。武禹襄《太极拳解》中指出："精神能提得起，则无迟重之虞。"宗师李亦畬《五字诀》中也指出："神聚则一气鼓铸，炼气归神，气势腾挪，精神贯注，开合有致"。所以在推手中特别提起精神，才能转接有法，变化及时。

5. 劲路变化必须以意念作引导

所谓意念就是人的大脑思维，是人的中枢神经信号。人的动静都听从它的指挥。练意念的目的：第一是为取得身知。也就是因外界变化之动态而产生的条件反射。第二是为使劲法应用灵巧多变，刚柔相济，反应快速准确。训练有素即成为条件反射，转念之间，意、气、力即随之而去，周身浑圆一体，故能不前不后恰到好处。从太极功上说，意念是个力，它可提升爆发力的强度。

二、粘走的变化

1. 粘走的变化，就是阴阳的变化

阴阳的变化，也就是虚与实的变化。王宗岳《太极拳论》中指出："粘即是走，走即是粘。"例如两人进右步，右搭手，甲方以刚劲向乙方进逼，并向右擤乙之右臂，乙方以柔劲走化，但柔的掤劲不能被甲方刚劲压瘪。乙方随甲之擤势而随之，当被甲方将右臂带过子午线后，乙方即背，甲方由顺而变粘劲，将乙方粘住，甲方想发即发。此种变化比较简单。如乙方随甲之擤势而进右肘，同时右腿微向前插，变为靠势，则甲方之粘劲不能形成。甲方怕靠劲打来，急转左脚，同时右腿随之左转擤手向左回逼，左手沉接，则乙方靠劲落空，乙又变背。所以粘走相生，循环不已；粘中有走，走中有粘，谁功夫高谁占上风。

2. 粘走变化，无定法可依

上例所述劲法变化，无定法可依。平时基本功锻炼不够，在交手中，不知劲法变化，必产生丢顶，这是不能从人所致。《太极拳解》中指出："须要从人，不要由己，从人则活，由己则滞。"所以要随人所动，勿自伸缩。但必须指出，从人实是由己。从人的概念，不是一味地盲从，而是在"随"中找出对方的缺陷，由缺陷处进攻。所以在走化之时，劲法上要有相应的变化，才能粘人而不产生丢顶。否则硬顶硬别，以拙力相抗，即形成顶牛，即非以小力胜大力，用巧劲取胜。

3. 劲法的变化实质上是阴阳的变化

所有劲法的变化，从无定法可依。其随对方之劲而变，只能临时决定，都在一刹那间。此虚彼实，彼虚此实，左右、上下、前后皆然。在运动上，全身能动部位是相互协调，在意念引导下目标一致的。不能某些部位打先锋，某些部位偷懒。要做到"周身一家脚手随"，这样才能随转随接，毫无停滞，也即拳论中指出的"阴不离阳，阳不离阴，阴阳相济，方为懂劲"。

太极养生桩

李迪生

太极拳是融技击与养生为一体的武术，流传已数百年。王宗岳《十三势歌》云："详推用意终何在，益寿延年不老春。"其中养生益气之法有太极养生桩功，是医术气功结合而成。该功法既能活动肢体，促进血液流通，增强免疫力，抵抗百病；又能调息养气，使五脏六腑按其经络流畅循环。故其能增强体质，永葆青春。该养生桩共分八势，兹述于下。

一、名称

（1）双手托天　　（2）风摆垂柳

（3）霸王举鼎　　（4）回头望月

（5）敲钟击磬　　（6）祛风活络

（7）无我无物　　（8）息气还原

二、练法

1. 双手托天

两脚分开与肩同宽，全身放松。目光微闭，舌抵上颚，自然呼吸，匀细深长，勿使耳闻。

两臂由胯往前平伸，举至肩平，两手掌心向下，平行对指回收至胸前，然后翻掌，顺肩向上，高举至头顶，再将两掌指尖相对，用力上举。这时两足跟抬起，托天动作一次完毕，足跟落下，两臂随原势收至与肩平。再按原动作上举，做三次，熟练后可增至七次或九次。

要点：两臂举时要用力。脚跟抬起时，脚趾抓地要有力，即稳。

2. 风摆垂柳

两脚分开与肩同宽，全身放松，目光微闭，舌抵上颚，自然呼吸，匀细深长，勿使耳闻。

左脚向左横跨一脚宽，两臂平伸与肩平，左手向后下摆的同时，两腿微屈，腰随屈左转，手随之向右背后摆至左胯旁，右手由头上方向左斜上方摆动，然后随原摆动路线还原，再向右摆动。其动作与左摆相同，方向相反。左右摆毕为一次，做三次，以后增加至七次或九次。

要点：腰部要活，切勿用力，使腰部发硬。这个主要是活动四肢和腰肌内经络。

3. 霸王举鼎

两脚分开与肩同宽，全身放松，目光微闭，舌抵上颚，自然呼吸，匀细深长，勿使耳闻。

左脚向左横跨一脚宽，两臂平伸，高至肩平，两手掌心向下，平行对指回收至两肋侧，右手顺耳侧翻掌上举，掌心向上高过头顶；左手掌心向下顺肋下按至与胯平，左手上举右手下按，动作与左手同（左右交替动作毕为一次），做三次，以后可增至七次或九次。

要点：上举下按均需用力，才能调动脾胃脏腑功能。

4. 回头望月

两脚分开与肩同宽，全身放松，目光微闭，舌抵上颚，自然呼吸，匀细深长，勿使耳闻。

两臂上节平举，两小臂贴于腰际胯上，虚领顶劲，眼珠随颈左转，好像瞅什么东西似的，然后再随颈回转，随之还原。颈右转与左转同。

颈向后仰，眼珠也随之向上方瞅看。颈返回竖正，眼珠也还原，眼睑也随之闭一下。颈部左右及后仰做毕一次，共做三次，以后增至七次或九次。

要点：眼珠瞅动少用些力，调动五脏六腑功能。

5. 敲钟击磬

两脚分开与肩同宽，全身放松，摒除杂念，自然呼吸，意念"不麻不痛，永无疾病"。

左脚向左横跨一脚宽，弯腰以拳扣击腰腿、腹、臂各部，勿用暴力，速度要匀，越是疼痛麻木的部位越多扣击，全身没有不适之处，也要随意扣击，精神集中在意念上，默想"不麻不痛，永无疾病"。敲击次数与时间随意，一般时间掌握为五分钟。

要点：身体麻木疼痛之处就多敲；敲击之处，如同行针，恢复经络功能。

6. 祛风活络

两脚分开与肩宽，全身放松，呼吸自然，摒除一切杂念，意念"祛风活络，永无疾病"。

以双手按摩阳白、太阳、颊车、迎香等面部穴位各三次，再用双手按压脑后百会、风池、翳风等穴位，并十指弯曲以指尖作梳头状，摩梳数次，尤其在风池穴位要用力按摩鼻腔。

再用右手按压左合谷、左内关及左足三里，反过来用左手按压右合谷、右内关及右足三里穴。

要点：按压手法要重，尤在合谷、内关、足三里穴处，似有疼麻感。

7. 无我无物

两脚分开与肩同宽，全身放松，摒除杂念，目光微闭，腹式呼吸，勿使耳闻。

呵（心）　嘻（肝）　呼（脾）　呬（肺）　吹（肾）　嘘（胆）

两臂上抬插于腰际，轻微读字，勿使耳闻。字发音的口形，也就是呼气时所要求的口形。呼吸时均不能使耳听见声音。吸气时足后跟微提起，呼气时落下，每字三次，呼完为止。开始三次，以后增至七次或九次。腹式呼吸，吸气时腹部上鼓，呼气时腹部下瘪。

该法是古代流传的六字呼气法，用以医治心、肝、脾、肺、肾、胆等脏腑疾病。

要点：吸时为鼻，呼气为口，一定要掌握好字音的口形。

8. 息气还原

两脚分开，与肩同宽，全身放松，目光微闭，呼吸自然，匀细深长，勿使耳闻。

左脚向左横跨一尺。吸气时两足跟抬起，身体保持垂直，勿使摇晃；呼气时足后跟垂落，呼吸三次即毕，然后双手干洗面三次，静一下，全部收功。

"五捶"形不同　捶捶皆致命

浦公达　杨德高

一、太极拳拳捶之辩说

太极拳虽门派甚多，套路各异，但均有"五捶"之称。捶者，无异是以手拳相示。其捶各都以形取象而定。太极拳之技击中对"五捶"之用有贬而无褒，拳论中称："脚踢拳打，下乘拳也"。故仅用拳打人，不是上乘之拳。但太极拳中之"五捶"，也不可说不用，且"五捶"在太极套路中，亦是一个重要组成部分。当然，太极拳强调，"拳"者，非为两手之拳，而一人之身，浑身上下都是拳，处处皆能打人。浑身上下皆是拳，这是已达太极上乘功夫之境地。然而《太极拳论》中亦有"因敌变化是神奇"之说，如是得机得势，亦可用捶致以命也。太极之捶并非以力打人，而是以劲制敌。劲者，内劲也，故太极之捶有"五官百骸之劲，皆聚于捶"之说。太极拳"五捶"之出手，不仅要求劲整，且要快，因太极之捶应用于直接相搏，手快者打手慢者，故有出手"一击如雷，不及掩耳"之说。

二、武式太极拳"五捶"之练法

武式太极拳的拳法要求极为严密，走架时，要求身、眼、手、步一致。"五捶"之练法离不开身法的要求，虽握拳似捶，但应轻松灵活，非是长拳中掷地有声之势。其练时缓慢轻灵，用时则快速必达。因"五捶"之用为直接相搏，故平时练拳走架，如面临敌，面前无人似有人。其次，要求意气拳三者结合。走架时，心要静，身要灵，气要敛，劲要整，神要聚；即练拳时需专心致志，一出手要认定方向，专注一方，心专身法也不会散乱。身灵，则进退自如，出手时则无呆相。气敛，方能含蓄，能含蓄方放得人出。劲整，是指周身一家，集全身之劲聚于捶。神聚，则一气鼓铸，精神能贯注，方能达到形神俱在，而一往无敌。

三、武式太极拳"五捶"之用法

武式太极拳"五捶"因取相而定名，其捶形不同，用法也各异，现将"五捶"之用法分述如下：

（一）搬拦捶

顾名思义，其捶用于拦截对方，从被动变为主动，以拦为守。以击捶为攻。捶从腰间出，迎其面从腹部击之，而致敌伤。

（二）肘底看捶

肘底捶，是以暗拳袭敌，若敌从侧面扑来，乘其不备，捶击其腰部而致伤。

（三）践步打捶

践步者，其势凶猛迅捷，当敌临面，急来急应，一个箭步（践步）飞跃向前。其招式是拳脚交加，先以腿法使敌扑倒，继而拳击其胸背，犹如蛇打七寸之处击于要害。

（四）上步指裆捶

如面临之敌欲以腿伤我之时，我随即上步，以手搂其膝，同时以拳击其阴部要害，其拳形有挑裆之势，致敌伤命。

（五）双抱捶

在太极拳之中，两拳并用者甚少，唯武式太极拳有"双抱捶"之称。此捶劲敷于两膊，当敌面临之时，两拳相平，同时向敌中部击去，致敌伤。

以上"五捶"之论，仅是我们在平时练拳中所聚的一点心得和体会，如有不妥之处，望同道们指教。

划时代的发现——身知

严翰秀

武禹襄这位武式太极拳的祖师，是近代太极拳史上第一位可考的文化人，他传下的拳论得到了太极拳界的公认，并且被奉为太极拳修炼的指路明灯。可以这样说，他是太极拳史上一座让后人感到不可企及的丰碑。但他绝不是纯粹地从理论上研究太极拳的文化人，他的理论都是建立在他划时代的发现——"身知"的基础上的。研究武禹襄关于"身知"的理论，对将传统太极拳发扬光大有着重要意义。

"身知"的提出

"身知"在目前练太极拳的人听来，似乎很普遍了，但是细细分析起来，它还是比较奇特的。一般来说，知的主体是人的头脑、意识，头脑运用概念、判断、推理而得出"知"来。而平常所说的"身"是指人的躯体，人的躯体不是认知事物的主体。在清末之前，没见到武术中有"身知"一词。我曾经在武式太极拳的发祥地——河北省永年县进行了广泛的采访，也采访了上海、邢台等地的武式太极拳的传人，他们的口传、文字中记录了这样一段共同的历史，即1852年武禹襄赴河南温县赵堡镇跟太极拳一代宗师陈清萍学拳，得到了陈清萍的悉心传授，当时，他自己以为得到了真传，可以用了。可是回到永年老家后，发现老师教的东西虽然好，但是与自己的亲友推手时用不上。他感到太极拳的传授单心知还不行，还得把老师所教练到身上，让自己的身体知道才算真正掌握太极拳。于是他与自己的外甥李亦畬一起将陈清萍老师所传一一付诸实践，经过很长一段时间，陈清萍老师所教的精妙的太极拳艺才在身上表现了出来。这样"身知"这一说法在武式太极拳门人中传了下来，并且被作为练习太极拳的一个关键要求，也是实战致用的基本要求。

在武禹襄留下的文字中没有明确的"身知"说法。我在永年县采访时，永年太极名家姚继祖先生给了我一份武禹襄的哥哥武秋瀛留下的拳论，题目为《打手论》，其中明确地说到了"身知"的问题。这篇拳论的原文是这样的："初学打手，先学搂、按、肘。此用肘，彼用按，此用按，彼用搂；此用肘，彼用按……二人一样，手不离手，互相粘连，来往循环，周而复始，谓之'老三着'。以后，高势、低势，逐渐增多，周身上下，打着何处，何处接应，身随劲（己之劲）转。论内劲，不论外形，此打手磨练之法。练到纯熟时，能引劲（人之劲落空后，拨也）即出，则艺业成矣。然非懂劲（此劲兼言人己），不能知人劲怎样来，己之劲怎样上。此中巧妙，必须心悟，不能口传。心知才能身知，身知胜于心知。徒心知尚不能适用，待到身知，方能懂劲，懂劲泃不易也……"

此论不知作于何年。武秋瀛曾在河南舞阳县做官，为弟武禹襄向陈清萍学拳出过力，对太极拳有深研，但不是专研，故写此拳论应该含有武禹襄、李亦畬两人的研究经验，兄弟之间互通认识是正常的事。由此看来，"身知"的观点应是在武禹襄学太极拳碰到问题并予以解决的过程中产生的。

武禹襄"身知"说富有实践意义，但是一个多世纪以来，认真去研究和讨论其内容及指导意义的不多。一般人只把它当作故事说说，未能深入去探讨其中的基本内容、基本要求及实现"身知"的基本途径。虽然笔者感到武禹襄的"身知"说有划时代的意义，也听到过多位武式太极拳传人讲解武禹襄、李亦畬的拳论拳诀，但由于对武式太极拳缺少专门的练习，只能结合自己的理解和练太极拳的实践谈些浅显的认识。

"身知"的表现形式

任何一种思想、观念、事物的内容都有它的表现形式，那么"身知"的具体表现形式是怎样呢？我们将从武禹襄、李亦畬及其后人遗留的拳论和拳例中寻找。

一、对抗双方的互相接触是"身知"的必要条件

"身知"是从推手搏击的角度提出的。因此，"身知"是以对抗双方身体相接触为前提。武禹襄的直系传人李亦畬所著《五字诀》有这样的论述："要刻刻留意，挨何处心要用在何处，须向不丢不顶中讨消息。"李亦畬这里说的"挨何处"，说明了双方必须有接触，不是双方在离开的状态下。在双方身体的接触处"讨消息"，"身知"的锻炼，身体不接触是不能练习的，而这种接触是"挨"的方式。"挨"的方式与过去的搏击有差别。古代战场上徒手搏斗一般都是双方离开有一段的距离，然后瞅机会拳脚相加，这种搏击方式不是"挨"的方式。一个"挨"字突出了太极拳推手搏击的特点。"挨"的轻重是有分寸的，用力肯定不是"挨"。双方相挨的部位是练"身知"的关键所在。武式太极拳的当代传人李锦藩先生生前接受笔者采访时说："武式太极拳在推手中讲究与人接触，要互相接住劲。两个人一点都不接触，中间什么东西都没有，不粘住，是无法打的。两人相沾不但皮肉接触，还要劲与劲相接触才能进行顺势借力发放。"由此看来，"身知"练习，必须以"挨"的方式相接触。

二、在身不知手之舞之足之蹈之

武禹襄先生著述的《太极拳解》中说："先在心，后在身，在身则不知手之舞之足之蹈之。所谓一气呵成，舍己从人，引进落空，四两拨千斤。"两位太极拳手推手搏击，一方比另一方功夫精深，或者说懂劲了，在身体上就会出现"不知手之舞之足之蹈之"的情况，就能在沾着处随接随转，旋转自如，在动态中不知不觉地找到机势，轻易取胜。本来人的手脚是听人的大脑指挥的，但到了"身知"的高级阶段，已不用大脑指挥了，身体会自然而然地因敌变化借力打人，将人放出。"身知"的这种表现方式在武禹襄的老师陈清萍传递的《九要论》中有论述。《九要论》的第一论中有这样的文字："洵乎者若水之下，沛然而莫之御。若火机之内攻，发之而不及掩耳，不假思索，不烦拟疑，诚不其然而已然，莫之致而致是。其无所致，而云而尔乎。"武禹襄的论述和他老师传递的理论是一致的，而武禹襄用的语言则更形象化了。

这种"身知"的实战事例在《廉让堂太极拳谱》中有记载。《廉让堂太极拳谱》中的《太极拳前辈李亦畬先生轶事》一文中有这样一个事例。李亦畬有个表弟叫苗兰圃，生得孔武有力。一天，两人喝酒后，苗说："表兄您练的太极拳能不能打人？"李亦畬说："你高兴的话，可以试试，现在请你来打我。"李亦畬坐在椅子上，双手放在椅子的扶手上，苗用尽力气按住李亦畬的双肩，说："你现在能让我动一下吗？"李亦畬"哈"的一声说："你坐到对面的凳子上吧！"他的话音还没落，苗已经被发放出去，刚好坐到对面的凳子上。苗说："表兄你的双手没动，竟能将我打出八尺开外，你的太极拳术真的神了。"此则记载是"身知"击人的范例。可以分析一下，李亦畬坐在椅子上，并被一个比他高大的人按住，绝对处于劣势，但是他在苗的双手与他肩膀的接触处，引进落空，借力打人，瞬间将对方发放出。我们不应该将这则记载看作是故事或小说。李亦畬深研太极功，"身知"的功夫达到了炉火纯青的境界，故能有这种击人的表现。这种功夫在上世纪二三十年代的太极拳传人中不少见，今人中也有，只不过程度有差别而已。

在我采访过的一些当代太极拳家中，很多人也有类似的经历，他们在遇到别人突然袭击，甚至不挨住而袭击（有的是有意试功夫，有的是无意）时，能自然地顺人之势，不知自己身体如何动已将人击出。1990年，我在北戴河李经梧老师的寓所采访他，在几天的时间里，我数度请他讲解推手。有一次，我不知何故，突然无意识地用了劲，在一瞬间被他击出，双脚离地整个身体向后撞到墙壁上，他向我说了他以前在毫无准备的情况下将人击出的事例。那年他 79 岁。

可以这样说，"身知"是修炼太极拳有成的人的共性表现。

三、"身知"的功夫能否与不练太极拳而练其他拳种的人对抗

对这个问题的回答是肯定的。太极拳在鸦片战争之前都是用于保家卫国，在战场上建功立业的。热火器使用后时代变化了，它的搏击功能才被称为"末技"。老一辈太极拳家都是在刀尖上讨日子，也有在擂台上对抗取胜。杨露禅杨班侯这些人不说，武禹襄的师兄和兆元的后人和庆喜的徒弟郑伯英新中国成立前在开封打擂勇夺冠军就是以太极拳对其他拳种获胜的。

如太极拳不能与其他拳种相抗衡，就不成其为太极拳，也不配称武术。武禹襄"身知"说的内容能指导人们进行这种抗衡训练，接劲是这种抗衡的主要方式。清末有一个镖师名叫葛福来，精通八方捶等拳术。有一次他经过永年，找到李亦畲，说是沿河村刘洛香介绍来的，要求与李亦畲比试一下。李亦畲再三谦让，不与他比。第二年他又来找到李亦畲，这次他非要李亦畲与他交手不可。李亦畲再次谦让但他不许。李亦畲无法，对他说："我有一个门人叫郝和，学太极拳还没学到一半，请你与他试试。"李亦畲把郝和叫来，说："郝和站在这里，他不动手，任你怎么打都可。"葛哪里相信郝和有这种功夫，于是出手连击三次，均被郝以身反弹打出。葛福来甚是惭愧，说："我当保镖二十年，纵横四方数千

里，听到哪里有名家我就去领教，到现在为止还没有人胜过我，想不到您的技艺如此神妙。"于是葛福来跪在地上请求李亦畬收他为徒。从这个例子看出，武式太极拳第三代传人以身接劲发放的功夫是罕见的。这种没有任何防御的条件，只靠"身知"的功夫反击，在那个靠功夫走天下的年代，差微则亡。从郝和取胜的过程看，具备了"身知"的功夫是可以与练其他拳种的人对抗的。

关于接劲的问题，在我采访当代武式太极拳名家时，他们都详细地讲述了接劲的方法。"身知"的功夫达到了较高层，对方的力打击到他身上时，在触点已经转移了，力量已打不到他的身上。正因为这样，太极拳才具备全面技击功能。

"身知"这种神妙功夫在其他流派的太极拳中也有实战的例子。在 20世纪 50 年代初，中国太极拳史上发生了一场太极拳派与外家拳派的代表人物签署生死状比武的轰动事件。移居香港的吴式太极拳第三代传人吴公仪与香港白鹤派掌门陈克夫在澳门设擂台徒手相较，据说陈克夫一拳能击出 300 磅的力，一秒钟能连发 6 拳。比赛只进行了两个回合，双方互有击中，陈克夫两次被击中鼻部，流血不止；吴公仪也被击中，但身上无伤痕。记者们不相信被陈克夫击中的吴公仪不受伤，吴公仪当场撩起衣服给记者看被击中的部位，果然没有伤痕。可见，吴公仪经受对方重击的一瞬间身体已变化，对方的重击没有击实。吴式太极拳没有"身知"的说法，实际上这种功夫与"身知"相一致，在太极拳的门派中是共性的。

以上所说的是"身知"的表现形式。"身知"是练太极拳的人所产生的一种技击本领，达到高境界时，能在"物来顺应""顺其自然"中取得优势而胜，这种"身知"的境界是无止境的。

"身知"练习的途径

作为一个门派都有它的练功、训练方法，遵循这些方法持之以恒地进行训练就能有所进步。没了这些方法，如何练习也难以达到预期的目的。"身知"是太极拳这一派独特的技术，高手搏击已无法无招，触之即打。那么它的练习途径何在？

第一阶段："先在心"的心知阶段

武禹襄指出："先在心，后在身。"武禹襄是个有深厚文化修养的人，他深入地了解了太极拳的应用价值（主要是技击意义），下功夫研究了"怎样才能练太极功"这样既是理论又是实践的关键问题。他认为，练太极拳首先"在心"，古人讲的"心知"是指人的认识，演绎下去是要认识到太极拳的种种要求，心里知道这些要求。

1. 心知十六字身法等练拳要求

在武式太极拳中身法是放在首位的。这十六字身法是：涵胸、拔背、裹裆、护肫、提顶、吊裆、松肩、沉肘。在我采访武式太极拳代表人物时，他们首讲的都是身法。身法合乎要求了，练太极拳才能形成太极拳独特的态势，才能收到好的练拳效果。

李锦藩先生说过："一个人练拳，基本上按照太极拳各项要求去练，上的是太极拳的功夫。如果像做广播操那样，就不会上太极拳功夫。"练太极拳的人必须知道太极拳的各项要领并照着去做才能练好太极拳。可以这样说，现在练太极拳的人成千上万，但能得太极功夫的人不多。李锦藩先生又说："练太极拳一招一式丝毫不能马虎，要不苟且不随便。"这是武、李后人对练太极拳的深切体会，按照要领练拳是调整个人身体，将身体练成"周身一家"的途径，也是"身知"的基础性功夫。

2. 心知太极拳的打手理论要求

武禹襄当年向陈清萍学拳的经历就是一个心知的过程，在这个过程中陈清萍给他传授了各种理论要求，特别是打手的要求，他在月余基本完成了心知的过程。这对他今后的"身知"练习起了重要作用。武禹襄、李亦畬两位大师为什么能练到那么高的境界？主要是他们有这些理论作指导，心知这些理论才能使他们走上太极大道。我们看到武禹襄李亦畬留下的拳论大都是关于打手、技击方面的。我们必须心知这些理论以及其他有关的太极拳理论，这是毫无疑义的。但是，准确地理解这些理论达到真正地心知它，是一件非常困难的事。一方面是有一定的古文阅读障碍；另一方面是这些文字是古人练习的体会，今人理解很容易望文生义。举个例子说：一些人对李亦畬的《撒放密诀》解释并见诸报刊，基本上是按"擎、引、松、放"四个字一字一字解释，认为交手时先将别人擎起来往自己身前引，把自己蓄住的劲放开不让屈在自己的身上，放入时自己的腰腿劲要整等等，不说对其中每一句的解释准确否，这种孤立解释的方向就不正确。李锦藩先生对我说过："'擎、引、松、放'四字不是分开说的，它是一下，不是四下，要一下全部做到。"这种理解和实际操作真是"差之毫厘，失之千里"。所以，心知太极拳的理论也有正宗传授的问题，如果就字解字，望文生义，自以为得其真义，实际上并不准确，实际操作时也不会产生效果，到头来"枉费功夫遗叹惜"。

第二阶段："后在身"的"身知"阶段

"身知"是用于对抗的，"身知"必须在对抗当中练习才能得到，世传李亦畬当年研习推手时非常注重实战。他研究得了一个新的认识，就将它写成条子贴在墙壁上，然后招邻里身材高大的人来实战检验，经过实战印证对的，将条子保留；与实战结果不符的再改，直到与实战相符为止。世人以为他是文人，实际上他是一位注重实际操作的实战家。他的这种实践研究，他的两位孙子李槐荫、李棠荫在《刊印先祖亦畬公太极拳谱缘起》中称之为"有如科学家之实验"。正因为李亦畬这种求实的研究，才使他的"身知"功夫不断进入新的境界。他的研究为后人提供了一面镜子，无论是武人还是文人，对太极拳不能搞空头理论研究。

李亦畬"身知"的研究符合唯物主义认识论，正因为这样，他写的拳论才能在一百多年后的今天不减光辉，而且越来越现出它的指导意义。

"身知"与心知的关系

"身知"与"心知"是太极拳练习的两个阶段，这两个阶段是不可分割的。单有"心知"，不能致用，只是空头理论，一朝交手，必遭失败；没有心知而去追求"身知"，则更像在茫茫大海中没有舵的船，绝难驶到预定的彼岸。"身知"与"心知"两相比较，"身知"比"心知"更重要。正如本文前面所引武秋瀛所说："徒心知尚不能适用，待到'身知'方能懂劲。"没有练到"身知"的阶段，应算是一个不懂太极拳的人，这样说不算过分。

武、杨两式太极拳在"身知"问题上的比较

杨露禅、武禹襄两家共居一地，历史上互相学习，互相支持，其后代互有联姻，在太极拳的拳论上也有共同的传递。杨露禅更注重实战而在北京名扬天下，那么杨家所传的拳论与武禹襄所传的有什么异同呢？杨露禅直接得传于陈长兴，在理论和实践上有自己的特点。他到北京后与政治、军事、文化等各方面人物有广泛的联络，特别是一些文化人对太极拳的参与，对他所传的太极拳进行分析，凝结成了现在流行的杨氏太极拳理论体系。现在看到的杨氏拳论有老拳谱《三十二目》《九诀》《太极拳体用全书》等，现选择其中的一些内容与"身知"说比较一下。

由杨澄甫的二儿子杨振基公开的太极拳老拳谱《三十二目》中有一些论述与"身知"说相类似。据考证，《三十二目》应是杨露禅在世时形成的。

《三十二目》中的"八门五步用功法"一文指出："……先明知觉运动四字之本原，知觉运动得之后，而后方能懂劲，由懂劲后，自能阶及神明。然用功之初要知知觉运动，虽固有之良，亦甚难得于我也。"这里提出了一个"知觉运动"的概念，并明确指出，知觉运动是很难练上身的。"知觉运动"是一个复杂的哲学、心理学概念，这里只能将它局限在两人相接触时的"知觉"，这与"身知"的练习内容是一致的。

《三十二目》的"固有分明法"中指出："运而知，动而觉，不运不觉，不动不知，运极则为动，觉盛则为知。动知者易，运觉者难，先求自己知觉运动得之于身，自能知人；要先求知人，恐失于自己，不可不知此理也……"这里讲到通过运动而达到知容易，达到灵敏的感觉难，并提

出了练习知人知己的顺序，基本内容与"身知"说也相类似。《三十二目》中的"粘黏连随""顶匾丢抗""对待无病"三篇文章的基本内容是，要知人之知觉运动，避免顶匾丢抗等毛病，必须做到粘黏连随，这与"身知"的训练条件完全相同。

杨露禅孙杨澄甫著《太极拳体用全书》中关于推手一节这样论述："太极拳从练习推手为致用，学推手则即是学觉劲，自觉劲则懂劲便不难矣。"这里说的觉劲实际上与知觉运动是一个意思。所谓知觉运动，觉劲都是靠身体的互相接触才能练到的，这也是"身知"的问题。在中国太极拳历史上杨、武两家各有千秋，在向终极目标迈进的征程上是殊途同归的。

小结

武禹襄及其兄弟的"身知"说，在中国太极拳历史上有划时代的意义，"身知"说对中国太极拳的技击训练作了一个阶段性的总结，使得太极拳的搏击方法和非太极拳的搏击方法有了一道分界线。中国的摔跤、日本的柔道等虽然也是身体先互相接触，但是练习的方法、运劲方式等都与"身知"说不同，"身知"充分表现了太极拳的个性。

只有像武禹襄这样酷爱武术，有文化修养，善于在实践中总结经验教训，有较完美的语言文字表达能力，有相应的社会关系、社会环境、时代条件的人，才能将太极拳诸多的理论、实践问题用简练的语言概括出来。"身知"说一旦提出，就能永久性地影响后人。

我们今天必须重视研究古人特别是过去太极拳代表人物的理论和实践，这些理论和实践带有一定的真理性，对当代太极拳的发展有强劲的推动作用。尽管这些研究有一定的障碍，我们也必须不断努力。

我们还应当重视家传太极拳理论的研究，重视太极拳嫡系传人的认识，珍视民间的发明创造，通过各种渠道和手段将这些家传的认识完整地总结出来，让它发挥作用，减少现代人的艰难探索。

到底是「物将掀起」还是「将物掀起」　李红旗　武霞

　　太极理论博大精深，历来为习武者所深爱。其中王宗岳、武禹襄、李亦畲的理论更是被各派太极拳家奉为金科玉律，广为流传。各种太极理论版本较多，其中文字多有出入处。前些时读到两种版本的武禹襄《十三势说略》，其中有一句重要的论述，文字不尽相同。一本作："若物将掀起，而加挫之之力，斯其根自断，乃坏之速而无疑。"一本作："若将物掀起，而加以挫之之力，斯其根自断，乃坏之速而无疑。"到底是"物将掀起"还是"将物掀起"？虽说只是两字排列顺序之不同，其意义却相去甚远，必须澄清，以免误人子弟。

　　前一句"若物将……"的字面意思是：如果一物体将要被外力掀起，但还未完全掀起的时候，突然从不同的方向再加力，那么物体的根自断，其毁坏的速度很快，这是毫无疑问的。

　　后一句"若将物……"的字面意思是：如果一物体已经被外力掀起，又突然从不同的方向再向其加力，那么物体的根自断，其毁坏的速度很快，这是毫无疑问的。

从以上解释可以看出，两种表述的主要区别在于：一种是物要掀起，但还没有完全掀起的时候；另一种是物已经掀起。哪一种说法是武禹襄大师的本意呢？这要从太极拳本身的特点和属性来探讨。

一、太极拳讲究后发制人，以柔克刚，四两拨千斤，以小力胜大力，以有力打无力。显然，如果物已经掀起，要将此物掀起所费的力大，时间长，不符合上述法则。

二、太极拳作为内家拳的代表拳种，最讲究劲力含于内，内固精神，外示安逸。其技击动作隐蔽，"拳打人不知"是太极拳技击的一贯法则。如果物已经掀起，就是不加挫之之力，它的根也已经断了。这样在掀物的过程中，所费的力要大，时间要长，其技击的隐蔽性就无从谈起。

三、武禹襄先师所创的武式太极拳，架势小巧紧凑，技击动作简洁、精巧，把太极拳的"内固精神、外示安逸""拳打人不知"的法则提高到一个新的境界，并在太极拳理论上树立了一座令后世景仰的丰碑。武先师这句话很显然是以物比人：对手拉好架势，准备迎接从对面进攻的劲力，这时如果从正面继续强攻，只会出现顶劲、抗劲；而对手顶不住逃脱，就会出现以有力打有力的局面，根本谈不上有力打无力。如果对手力大，我反会被人所制，更谈不上四两拨千斤，小力胜大力。

如果熟练巧妙地运用太极拳的粘、黏、连、随之技，从对手不注意防守或发力的侧面由下而上，用很小的、不易为对方察觉的劲力，牵动对方的重心；或是有一条腿不能很好地借地力，就在这一瞬间，从正面或别的方向发力进攻，也就是武先师说的"加挫之之力"，对手的重心已被动摇，腰腿已经被制，自然无力防守，才会出现"乃坏之速而无疑"。这样才能体现出太极拳"任他巨力来打我，牵动四两拨千斤"的本意。

综上所述，"物将掀起"更符合太极拳本身的特点，更符合武禹襄大师的本意，更符合以小力胜大力、拳打人不知的法则。后一种表述很可能是传抄错误或排版印刷之错误。正像王宗岳大师言："所谓'差之毫厘，谬之千里'，学者不可不详辨焉。"

论「舍己从人」

李红旗

　　"舍己从人"一词出自《孟子·公孙丑上》。原意为：舍弃自己的缺点，学习人家的优点，非常快乐地吸取别人的长处来行善。"舍己从人"在太极拳理论的鼻祖王宗岳先师所作《太极拳论》中，作为太极拳技击的主要原则，被郑重提出。

　　"舍己从人"作为太极拳技击的主要原则和重要战术思想，被赋予了哪些新的内涵呢？

　　通俗地讲，"要哪给哪，哪近打哪，沾住劲头打劲尾"即"舍己从人"。

　　"要哪给哪"即敌向我攻击中，不论进攻何处，我都不消极避让、躲闪，而是主动沾接其劲头，挨何处何处分阴阳，沾住劲头打劲尾。因为敌无论怎样攻击，其来劲必有一定方向和目的，我只要洞悉其方向，诱敌以目的，沾住敌之劲头因势利导，不丢不顶，引进落空，然后乘势击其劲尾，敌自陷入失重的困境，即"人为我制，我不为人制矣。"

　　在"舍己从人"的过程中要以"从近不从远"为原则，即"哪近打哪"。如从远，则易走出自己的范围，造成自己失重陷入危境；从近则主动，从远则被动。为此要掌握"无过不及，随屈就伸"的原则，才能随彼所动而不"舍近求远"。

　　"舍己从人"这一概念影响了一代代太极拳家。他们不但将"舍己从人"作为技击法则，而且作为做人的准则。舍弃自己的缺点，学习人家的优点，与人为善，与天地自然为善，宽厚仁爱，在技击上追求"制其身，服其心"而不伤其身，化剑为犁，和谐万物，使太极拳的文化积淀越来越厚重，技击境界也越来越高。

　　太极拳理源出道家，在道家"无为，无不为""不争，故天下莫能与之争"等思想的影响下，逐步形成了以柔克刚，以静制动，四两拨千斤，绵里裹针等技法特点。"舍己从人"作为太极拳技击中重要的战略思想，它的提出和广泛运用，使太极拳的上述特点更具体形象地落在实处，在训练中更有章可寻，有路可走。此外，"舍己从人"更使一代代太极拳家不光有"无为""不争"等思想沉淀，还时时有"与人为善，与天地自然为善，和谐万物"的高尚情操，从而为他们走向"无为而无不为"的至高境界奠定了坚实基础。

"接劲打劲"之我见

李红旗

武式太极拳在技击上讲究"接劲打劲",但有许多练家认为"接劲打劲"就是硬碰硬、顶牛,是靠绝对力量把人放出。这就大错而特错了,"接劲打劲"是永年太极拳家的俗语,譬如在走化过程中,经常用"磨缸沿,搓锅底"来比喻劲路的走向一样。武式太极拳是"曲中求直,蓄而后发"的(武禹襄《太极拳解》)。

"接劲打劲"首先是"接劲","彼之力方碍我皮毛,我之意已入彼骨内"(李亦畬《五字诀》)。"侦察"清楚敌之力量的方向、大小、变化,然后对症下药,通过圆的运动化掉对方劲路的锋芒,"曲中求直",在其老劲将尽,新劲未生之际,抓住时机顺势发放,方能"人为箭,我为弓"(李亦畬《身备五弓解》)"蓄而后发",也就是"打劲",从而完成保护自己战胜敌人的技击过程。

太极拳技击主要特点是"借力打力,四两拨千斤"，要实现这一目标，必须"舍己从人"（王宗岳《太极拳论》）。"接劲打劲"正是"舍己从人"这一战略思想在武式太极拳技击中的具体表现。要做到"接劲打劲"并非易事，一般要经过三个阶段。

第一阶段：接招打招。指拳手习练此拳时间较短，处以招熟阶段，譬如敌右手击我迎面掌，我左手格开，以右手指裆捶还击。如敌中途突然变迎面掌为定心捶，我未弄清敌之劲路变化，仍用指裆捶，恐怕技击效果会很差，甚至吃亏。这就是接招打招不懂劲路变化的局限和缺点。

第二阶段：接劲打招。通过一段时间的练习，我听劲功夫大有长进，在与敌接触的瞬间，已能分出敌招里劲的大小、方向。但由于自身身法不够灵，劲法不够整，抓不住发放的最佳时机，但能确定敌确实为迎面掌，再无变化，最后仍以指裆捶还击。

第三阶段：接劲打劲。通过长时间的磨练及名师指点，我化劲打劲都大有长进，与敌接手，"权其远近、速度、轻重、虚实、真假、前后、左右彼之来势，我心中明镜"（李亦畲《接手论》），顺势发放"打劲"，敌自跌出。

总之，"接劲打劲"是太极功夫练到一定层次，"由着熟而渐悟懂劲"（王宗岳《太极拳论》）的体现，是"舍己从人"这一战略思想在武式太极拳技击中的具体运用和发展，离"神明"那太极技击辉煌的顶峰已经不远了。

浅谈太极拳技击的「先」与「后」　李红旗

幼时练外家拳，常听人言："先下手为强，后下手遭殃。出手如闪电，回手似火烧。"后来习练太极拳，要求以柔克刚，以静制动，后发制人。这一"先"一"后"，其实代表着两种技击思想。到底哪种思想更科学、更合理、更先进呢？在一般人眼中，"先下手为强"的优势是不言而喻的。但事实果真如此吗？下面我们着重分析太极拳"后发制人"技击思想的来源、形成和发展。

一、后发制人哲学思想的根源。早在二千多年前，道家学派的创始人老子就提出"夫唯不争，故天下莫能与之争"（《老子》第二十二章），"不争"即是"无为"的一种表现。据道家先哲看，"无为"才能"无不为""上善若水"（《老子》第八章），水至柔至弱，"善利万物而不争"，然"天下莫柔弱于水，而攻坚强者莫之能胜"。（《老子》第七十八章）"滴水穿石"即为实例。太极拳理与功法正是在这种哲学思想的指导下逐渐形成以柔克刚，以静制动，后发制人等原则的。

二、古典太极拳论对此思想的继承与发展。首先，一代宗师王宗岳在《太极拳论》中提出"四两拨千斤""舍己从人"的思想。要想做到"四两拨千斤"，即以弱胜强，以柔克刚，必须"舍己从人"。要想"舍己从人"必须以静制动，后发制人。武式太极拳祖师对此论述精辟："一动无有不动，一静无有不静。视动犹静，视静犹动。彼不动己不动，彼微动，己先动。"（《太极拳解》)李亦畬宗师对此思想的论述更是入木三分："彼有力我亦有力，我力在先，彼无力我亦无力，我意仍在先。"（《五字诀》）太极拳"后发制人"的思想，实际上是"后人发而先人至"。

三、有运动学家对普通人进行过实验，甲方用拳、脚等动作攻击乙方，从动作的发起直至完成攻击需要 0.3 秒的时间，而乙方如果发现甲方攻击，用手、脚等肢体进行格挡，需 0.4 秒的时间。由于相差 0.1 秒的时间，实际上乙方对甲方的攻击无法防守。这就是我们生活中常见许多人互相撕打，两败俱伤的原因，这也是世人推崇"先下手为强，后下手遭殃"的原因所在。

太极拳的先贤们是怎样克服这 0.1 秒的时间差，在与人交手中获胜而达到"后人发而先人至"的呢？回答应是"松、静"。只有松静自然才能精神贯注，以意导气，以气导力，占尽先机。意即大脑思维活动的表现，它是通过神经传递对客观事物的反应，因此意念的传递速度是最快的，这就占了一个先字，从而达到"人不知我，我独知人，英雄所向无敌"的技击上的最高境界。

综上所述，"后发制人"是建立在"柔弱"的基础之上，它是在表面的被动中操持主动，"舍己从人"，根据"侦察"到的情况，做出分析判断，然后运用各种手段迷惑对方，调动对方，而达到"引进落空""四两拨千斤"，最后战胜对手的一种高深拳技，与平时人们所说的"先下手为强"有着本质的区别。以柔克刚、以静制动、后发制人的思想原则，不但使太极拳在技击方面进入上层境界，而且使练习太极拳的人们在工作、学习及日常生活中享受到"无为而无不为"的无穷益处。

推手初探

赵宪平　李志红

武式太极拳推手，是太极拳技击运用中的二人对练方法。它是训练周身皮肤触觉，培养内体感觉的运动，是我国民间武术瑰宝。要想练好武式推手，必须掌握以下几点。

一、武式推手中的柔

武式推手讲柔，首先必须认识到柔在推手中并不是退缩，而是柔而不软，韧而不折。柔表现为舍己从人，粘、连、黏、随，不丢不顶，随屈就伸，柔是一种手段，克刚才是目的。其效果是以小胜大，以弱胜强。柔在推手中有三点：一是走化，二是粘逼，三是蓄劲。在运用时，走为化，是避其锐气。当对方用刚劲进攻时，我可以用弧形运作接引其劲，用腰的旋转运动随接随转，将其进攻力点引开，消解对方来力。这是以柔化刚，在推手中光有走化是不行的，只有在走化的过程中粘逼对方，才能掌握主动。这是粘逼的作用，具体表现为按之则下，起之则上；进之则退，退之则跟；不先不后，不丢不顶；意念在先，随对方的过程中用走化粘逼改变其劲的大小方向和作用点，形成"我顺人背"之势。柔化过程就是蓄劲过程，随着蓄劲的增加，最终积柔成刚，一击即成功。

二、武式推手中的松

武式太极推手讲松是指似松非松，将展未展；是指周身肌肉、精神似松非松，四肢骨节或劲将展未展，也就是力不能过头。这是说自己，运用时似松非松，是推手中自己站好后的一种静的形态。将展未展是指彼在被我粘住时，劲将出而没有出的一种形态，即在发劲前的一种相持阶段，我身法步备好，跟劲略松，使对方产生错觉，彼力一有变意，我即听出，在其想动而未动时，这就是将展未展。这时对准彼劲根源打击，使其跌出，这所谓"折迭转挨打闷劲"即是松的具体表现。

三、武式推手三劲法

武式太极推手的三劲法是：

来劲用截或用牵，
回劲用随要紧粘，
闷劲用堵应头盖，
全靠神气意念先。

具体运用是：打来劲是指彼劲已出，并且来劲猛，我从侧面截，用截不及即改用牵，顺其力方向引之。打回劲是指彼劲被我引化，有落空之感觉，想回收时，我粘住彼劲，认准彼回劲方向，随彼劲紧逼，使其跌出。打闷劲是指彼劲将出未出之际，我意念在先，按住其劲头，逼住其力根源，使其身不得劲，力不能出；如其硬出力，则必以其力还击其身。

四、武式推手法则

武式太极拳推手法则首先是守中用中。守中就是护住自己的中线，不被对方所制和利用。用中即运用各种劲法，控制对方中心，使对方转动不能，陷入被动地位。所以武式推手要时时刻刻保护好自己的中线，双手不论如何运动，总有一手护住自己中线，同时控制对方中线，两手各管一半，这就是守中用中。其次是准备。发劲时一般应在退而不退时做准备，练熟后前进后退都可以化发，进时用按挤不丢掤，退时用掤捋不离粘，被捋先挤随变靠，被靠先截再用闪，受力斜退用采挒，劲起脚根腰胯发。再次是进退。进时手未进先进胯，胯劲沉住再进手。退时双手掤好坐好腿，腰胯踏住再退手，这是双方劲力相持下的应用。最后是劲法。用劲法要不先不后，不丢不顶。丢了，则摸不到彼劲；顶了，彼有感觉，就变了；所以在推手时用劲必须恰到好处，方可有效。

总之练到有一定功夫时，化发是在一转腰之间完成；练到高深时，就是意念一动，化发即完成，而不见外形动，使人在不知不觉又没有痛感的情况下被发出，这也是武式推手与别门推手不同之处，它的要诀就是粘、接、灵、化混合运用。

「先王父廉泉府君行略」简注　贾　朴

先王父①讳河清，字禹襄，号廉泉，永年人。性孝友，尚侠义。禀贡生②，候选训导③。兄弟三人：长澄清④，咸丰壬子进士，河南舞阳县知县；次汝清⑤，道光庚子进士，刑部员外郎；瞻材亮迹，并声于时⑥。先王父其季也。

先王父博览书史，有文炳然⑦，晃晃埒⑧伯仲，而

---

① 祖父已殁称先王父。

② 禀生、贡生均为清代生员，即所谓秀才的不同名目。

③ 训导，官名，协助同级学官教导所属生员。

④ 武澄清（1800—1884年），字霁宇，号秋瀛。少孤家贫，18岁为诸生，授徒养母，兼课两弟读书。咸丰壬子年（1852年）进士。甲寅（1854年）补舞阳县令。在任五年回籍。有诗文稿行世。精太极拳，著有《搂字诀》《释名》《打手论》《太极拳跋》等。

⑤ 武汝清（1803-1887年），字酌堂，号兰畹。道光庚子年（1840年）进士，官刑部四川司员外郎。后辞官归里，主讲清晖书院十年，磁州学院三十年，成材甚众。

⑥ 兄弟排行三者曰季，时人称禹襄为"武三先生"

⑦ 炳然：明显、显著。

⑧ 埒：相等。此谓禹襄从其文观之，很明显文才与其兄长相等。

独摈[①]绝于有司[②]，未能以科名显。然以才干志行，为当道所器重。咸丰间，吕文节公贤基[③]，肃书币邀赞戎机，以母老辞；尚书毛公昶熙[④]、巡抚郑公元善[⑤]，又皆礼辟[⑥]，不就。惟日以上事慈闱[⑦]，下课子孙[⑧]，究心太极拳术为事。

初，道光间，河南温县陈家沟陈姓有精斯术者，急欲往学。惟时设帐京师，往返不便，使里人杨福同往学焉[⑨]。

嗣后，先王父因事赴豫，便道过陈家沟，又访赵堡镇陈清萍。[⑩]清萍亦精是术者。研究月余，奥妙尽得。返里后，精益求精，益神乎其技矣！常持一杆舞之，多人围绕以水泼之，而身无湿迹。

太极拳自武当张三丰后，虽善者代不乏人，然除山右王宗岳著有论说外，其余率皆口传，鲜有著作。先王父著有《太极拳解》《十三总势说略》；复本心得，阐出《四字诀》，使其中奥妙不难推求，诚是技之圣者也！

有子五人：用康，郡庠生，候选府经历；用怿，同治壬戌举人；用

---

① 摈：排斥，弃绝。

② 有司：古代设官分职，各有专司，因称职官为“有司”。

③ 吕贤基，旌德人，字鹤田，道光进士，死谥文节。

④ 毛昶熙，武陟人，字旭初，道光进士，光绪初官至兵部尚书。

⑤ 郑元善，广宗人，字体仁，号松峰，道光进士，官至河南巡抚。

⑥ 以礼征召做官。

⑦ 旧称母亲住房为慈闱，此处谓侍奉孝敬母亲。

⑧ 杨禄禅次子钰，字班侯（1837—1892），在禹襄处读书学拳，读书不甚聪敏，学拳极为领悟。禄禅遂请禹襄多课以拳技，故班侯之技多得之禹襄。杨氏所传有大、小架之别，以班侯学于禹襄者为紧凑架势之故也

⑨ 杨福同即杨禄禅。设帐京师这段历史不详，但据一些旁证，可见一些端倪。约于道光三十年（1850），38岁的禹襄由次兄汝清引荐晋京设帐，至咸丰二年（1852）以母老辞归，在京共计二年多的时间。武氏兄弟，早年遵家教习洪拳。汝清同科进士、陈家沟陈德瑚在永年设“太和堂”药店，掌柜名王旭初，武氏兄弟经陈引荐向王学习太极拳。后杨禄禅学成归来，武禹襄见而好之，常与比较。道光、咸丰间，武禹襄常与北京会友、万盛等镖局局首来往，切磋拳艺，在京兼采各拳派之长，学而化之，为后来另创一派打下基础。这是太极拳第一次传入北京。后于1854年，汝清又荐杨禄禅进京，从此太极拳逐渐向全国推广。

⑩ 据《永年县志》稿载：“河清应豫抚之聘，便道访陈家沟，又访武陟县赵堡镇陈清萍。”豫抚之聘时在咸丰庚申（1860），时澄清仍在舞阳任所，故禹襄在舞阳县盐店带回王宗岳《太极拳论》；陈清萍拳技得自陈有本，有本与陈长兴同辈，清萍更以心得另创一派太极拳小架，盛传于赵堡和王圪当等地。县志稿云：“盖太极拳有大小势之别，因人授之不明，小者奥妙难得也。”

咸，县学生，候选鸿胪寺序班；用昭，县学生；用极，国学生。孙十五人。次孙延绪，光绪壬辰翰林，出宰湖北。多攻文学，未深习是术。得其术者，惟李王姑①之子经纶②、承纶③兄弟也。

　　编者按：《先王父廉泉府君行略》，系武禹襄之孙武莱绪所撰。武莱绪，用昭之子，号小宣，工诗词，善书画，曾为陈家沟陈德瑚之孙承五，书屏七律一首。此为唐豪先生1930—1931年在承五家调查太极拳历史时亲见，可见陈、武两家关系密切，历时久远。行略，亦称行状、行述，是记述死者世系、籍贯、生卒年月和生平概略的文章。研究这篇关于武禹襄的早期史料，有助于进一步了解武禹襄。河北邯郸贾朴先生参考了《中国名人大辞典》《中国近代诗词典》《邢台市名人传》《永年县志》《续修永年县志稿》《永年县太极拳史料集成》《太极拳研究》《李氏太极拳谱》以及武澄清、武汝清、武河清、武延绪墓表、墓志铭等十多种资料，写出34条简注，对武禹襄的身世、学太极拳的时代背景及始末，都有简要说明，可供爱好者参阅。武禹襄曾孙毓堂（字仲华）之子福江先生，为简注写作提供了《永年武氏族支合编（家谱）》，作者在此特致感谢。

---

　　① 李王姑，李亦畬之母，长莱绪两辈，故称王姑。
　　② 李经纶，字亦畬，兄弟四人，公居长，年22岁（1853）从母舅武禹襄学太极拳，身体力行二三十年。后将王宗岳《太极拳谱》、武禹襄《太极拳论》益以己作《五字诀》等，手抄三本，一自存，一交长弟启轩，一交门人郝和。近代治太极拳者，奉为经典论文。门人中以郝和为最精。子宝廉，字石泉；宝让，字逊之（廉让堂之名由此而来）。孙槐荫，字子固；棠荫，字化南，均精是技。曾孙光藩，爱文学，著有《太极传奇》，曾任永年《太极》杂志总编。
　　③ 李承纶，字启轩，光绪元年举人。20岁前同兄共学太极拳于母舅武禹襄，终生锻炼，悉心研究，著有《敷字诀》载老三本内。得其真传者有南宫马静波、清河葛顺成及本邑郝和等。有子三，宝琛、宝箴、宝恒。宝琛，光绪秀才，七岁学拳，功底深厚。孙福荫，字集五，除受家训外，更受教于师伯郝和，达二十多年之久。郝氏门生中能如此者，仅福荫等二三人。有子三人：中藩、正藩、公藩。正藩自幼和父亲学推手，打下坚实基础，现在成都某科研单位工作，业余授徒，门人中有乐山市石磊，重庆市马仁济、赵中福，邯郸市黄建新、马建秋、丁进堂等十余人。

艺理俱精　功馨千秋

郝吟如

李亦畬先生是闻名于世的一代太极拳巨擘。李先生名经纶，字亦畬（1832—1892），河北永年人。咸丰元年（1851年）为岁贡生候选训导，同治元年（1862年）中举人，得魁元。才智出众，工小楷，得其书者，多珍藏之。父名世馨，字贻斋。同治年间永年修城浚池，举办团练，世馨助力颇多。亦畬有弟承纶（字启轩）、曾纶、兆纶。亦畬率启轩皆从其母舅武禹襄习练太极拳，以亦畬成就最著。

亦畬于1853年初始从武禹襄习拳，兴趣盎然，精心钻研，悟性极佳，乃至放弃仕途，毕生致力于太极拳理法的研究，成绩斐然，成为一代宗师。

郝少如先师生前论太极拳艺时，常以亦畬先生为例，尝曰："太极拳艺不在先天自然之能的大小而在后天技能之巧，能恃'引进落空，四两拨千斤'之术，则能以己之小胜彼之大，亦能以耄耋之年胜力大气勇的青壮年。"此说为亦畬先生的拳艺最有力之佐证。

亦畲身材短小，且双目高度近视，然拳艺精微巧妙，打手发人备极分寸：能置靠椅寻丈外，发劲投人安坐之上，既无跌落，又不使椅摇动；与人打手，全凭意气之变化令力大艺勇者腾空飞出，使人无不心悦诚服。亦畲的拳论，即是其深湛太极拳艺的一面镜子。

相传，亦畲表弟苗兰圃为清武生，很有臂力。一日两人饮酒，酒酣时，兰圃问曰："人言我兄拳技甚善，能打人乎？"亦畲曰："若弟欲一见证，请出来。"时亦畲两手扶椅肘而坐，兰圃则笑趋之前，以两手按其两肩，并尽力下按而曰："能让我动弹乎？"亦畲不动形，以两肩发劲，且发一声"哈"字，曰："你坐下吧！"兰圃随即坐于对面的凳上。兰圃钦服而曰："兄双手未动，竟使我被击出数尺，且坐于凳上，诚如所传，神乎技矣！"

又传，斯时有一镖师途经永年，闻亦畲拳艺而请人介见，欲知其技特色。亦畲曰："太极拳无硬功可见，其奇妙在因敌变化。君倘击我，则我之长立见。"镖师初不肯，亦畲曰："然君终不能识太极拳之貌矣。"镖师曰："如是，则我一试，幸恕不逊。"亦畲曰："甚善！"时亦畲立身屋中，以静待动，镖师鼓足勇气奋击，亦畲则不避不让，以胸臂承接其来劲，镖师忽腾空飞至四尺许，下扑于正倚壁间的床上，晕眩得丧魂落魄，许久不能动。及起，拱手谢曰："我今乃知太极拳神妙也！"

亦畲沿袭禹襄格物致知之法，常招至门客，择力大气勇者相扑，以验其心得。亦畲得其然，更穷追其所以然，举一反三，反复体验，直至明确。其孙李槐荫在 1935 年出版的《廉让堂太极拳谱》序中描述道："此谱系先祖晚年所著，中经多次修改，方克完成。每得一势巧妙，一着窍要，即书一纸贴于座右，比试揣摩，不断实验。逾数日觉有不妥应修改，即撕下，另易他条，往复撕贴，必至完善而始止，久之遂集成书。"亦畲定稿的著作有《五字诀》《撒放密诀》《走架打手行工要言》《一字诀》和《虚实大概图》等。

在太极拳的历史长河中，由于各种原因，能够完整而准确地掌握其原理法则者不多，流传下来的经典拳论则更少。王宗岳的《太极拳论》

作为太极拳术的奠基之著，全面而精炼地揭示了太极拳的本质特征。武禹襄以其卓尔不群的才能，对全是宏观性、结论性论述的《王宗岳拳论》，进行了史无前例地开拓，但其著说仍属博大精深；亦畬言简意赅的概括和总结，为其具体而详尽的延伸。如禹襄"身虽动，心贵静，气须敛，神宜舒；心为令，气为旗，神为主帅，身为驱使，刻刻留意，方有所得"的阐发，即为博大精深的结论性论说。亦畬的"心静，身灵，气敛，劲整，神聚"五字诀则不仅阐明了其必要性，而且还衍生出具体的行功实践之法则；对求得听劲、舍己从人、借力打人的呼吸之道（非人体的口鼻呼吸），运用整体之劲，神聚的作用，神气间的关系，虚实、运化和气敛的关键，以及开合时行气运劲等理法的总结、阐发，皆较前人更为具体而详尽。其《撒放密诀》以"擎、引、松、放"四句精要之语，将"借力打人"的演练过程，概括得淋漓尽致；而后面的四句"四不能"，将求得"撒放"要诀的关键交代得清清楚楚。其《走架打手行工要言》以九个反推的"欲要"之句，对获得"引进落空，四两拨千斤"的技艺阶梯作了甚为精辟、确切而透彻的论述，并阐述了"走架与打手之间相辅相成"的辩证原理。

亦畬一生对拳艺精益求精，对太极拳行工实践的真理不断深入地进行探究、提炼和总结。其1881年后的研究成果，是对太极拳理法更深刻、更透彻认识的反映。如亦畬的《身备五弓图》《节节贯串图》等，即是对"蓄劲如张弓，发劲如放箭"和"周身节节贯串"等结论性的理法，以图文并茂的形式加以具体化的深入浅出的释明。《定军诀》首次揭开了太极拳艺的旗帜——"气"字神秘的实践方法、要求和作用的面纱，全面、完整、深刻而详尽地对"气"作了剖析，既有境界性的要求，又有具体的指导性内容；既有概括性的原则，又有总结性的论证，真可谓精彩绝伦！其《接手论》，是太极拳技击精要的重点阐说。亦畬以其渊博的学识，使太极拳理论与实践内容得到充实的发展。

亦畬以理论与实践的高度统一驾驭着"炉火纯青、出神入化"的太极拳艺，以科学、认真的态度去总结实践是其成功的法宝。经过亦畬千锤百炼的实践验证而铸成的拳论，便是其真实的体现。亦畬自 1853 开始学拳至 1867 年的初稿诞生，其间经历了 14 个年头。从初稿到 1881 年的定稿，亦经过了 14 年的漫长岁月。但确切地说，其定稿所花费的时间更久。因为任何人在学拳之初是无能力对太极拳深层次的问题进行揣摩的。亦畬的初稿《神聚》中，有这样一句可证明的话："然非名师十年指示，学者十年揣摩，未易臻此。"1881 后的 11 年间，据亦畬曾孙光藩先生告之："李亦畬尝有百余条幅。"若亦畬再有十余年的生命，这些条幅无疑能更为完善，使古典太极拳论再添辉煌！

亦畬于 1880—1881 年间，将"王、武、李"一脉相承的拳论整理成册，并亲笔手抄三本，一自留，一交弟启轩，一送传人郝为真，人称"老三本"。这是古典太极拳论的标准版本，至今被太极拳界奉为经典。古典太极拳论能够作为中华民族的优秀遗产流传至今，成为一种博大深邃的文化象征且蜚声世界，李亦畬先生建立了不可磨灭的功勋！

亦畬先生以其出类拔萃的才华和敬业精神，承上启下，使太极拳理论与实践内容更臻丰富、完善。当今，世界上的太极爱好者能拥有璀璨的华夏瑰宝——"老三本"，得益于亦畬先生历史性的卓越贡献。

读了严翰秀先生《谁保存了李亦畬未公开的手书条幅》的文章，颇有感慨：李亦畬先生将一生奉献给了其所热爱的事业，为太极拳的继承和发展做出了不可磨灭的贡献。其用聪明才智和汗水换取的心得结晶，是我们民族文化不可多得的宝贵财富。然而，这些宝贵财富在"文化大革命"中却惨遭厄运。李光藩先生在极其危险的情况下，以其敏锐的智慧将亦畬先生百余条幅中的七条保存了下来，令人由衷敬佩！

谁保存了李亦畲未公开的手书条幅　严翰秀

李亦畲有手书太极拳遗稿留世

初识李光藩先生是在 1990 年清明前，当时我第一次到河北永年县采访太极拳史和人物，县委办公室的负责人问清我的来意后，对我说："县文化馆李光藩先生是永年太极拳名家李亦畲的后代，他对太极拳的情况很了解，你去找他会对你的采访有帮助的。"我随即在县文化馆的二楼找到了李光藩先生，他热情地接待了我，并带我到县志办公室查阅县志，复印有关太极拳人物的章节。随后，他又带我到邯郸、广府采访两地的太极拳传人、名人，很多人都是他引我认识的。他的帮忙，的确使我的采访便利了很多。

李光藩的曾祖父李亦畲是清末著名太极拳家，是武式太极拳一代宗师武禹襄的外甥。据《廉让堂太极拳谱》记载："先祖初学太极拳于母舅武禹襄先生，既已尽得其传，复以毕生精力，苦志钻研。凡一举一动，无时无刻，莫不在锻炼揣摩之中。故克臻妙境，是先祖之所以能登峰造极者，实非偶然。"(《刊印先祖亦畬公太极拳谱缘起》，李槐荫、李棠荫曾在北京、太原等地授拳）

李亦畬的儿子李石泉（李光藩的祖父）这样描述过李亦畬对太极拳的研究："我父每得一势巧妙，一着窍要，即书一纸贴于座右，比度揣摩，有如科学家之实验。逾数日觉有不妥应修改者，即撕下，另易以他条，往复撕贴，必至神妙正确不可再易始止。久则纸条遍贴满墙，遂集成书。"就这样，李亦畬写下《五字诀》《走架打手行工要言》《撒放密诀》等不朽的太极拳拳诀、拳论。据资料，这些拳诀、拳论初成于1867年，定稿于1881年。从初稿到定稿时间相隔14年，从定稿到1892李亦畬去世相隔11年，从初稿到李亦畬去世相隔25年。在这25年间，特别是后11年间，李亦畬留存下来手稿未公开的有数百条幅，其中有一些是后11年间研习拟就的。这些手书条幅有的是对原定稿的拳论、拳诀的补充，有的发展了原来的拳论、拳诀的内容。外界只知道李亦畬有手稿留存，但不知其内容和去向，太极拳研究者及其后人、传人都十分关心这些手稿，但由于各种原因而不可知、不可得，这成了太极拳史上的一大悬案。

李光藩先生作为李亦畬的第四代孙，与这些手稿有着密切的联系。他陪我在邯郸、永年采访时粗略谈到过这些手稿的情况，但由于初识，交往不深，他未能详尽。1990年以后，我多次到永年采访，均与李光藩见面详谈。1995年9月，我参加了第三届永年国际太极拳联谊会。会后，我又到李光藩的家乡广府镇采访，李光藩先生专程返回广府在他的家中对我详尽地讲述了李亦畬手稿的保存情况，并将他保存的李亦畬部分手稿的内容读给我听，让我录音。1996年2月19日，李光藩先生将拍成照片的李亦畬手稿之一《定军诀》寄给我。1996年4月7日，他到海南传拳后专程到南宁与我见面，我们促膝长谈到凌晨两点。他的多次叙述，让我清楚地了解到李亦畬手稿的下落。最后他说，由我代他公开李亦畬手书《定军诀》，他保存的其他手稿以后有机会再公开。

他如何保存了李亦畬手书条幅

李光藩的父亲李槐荫新中国成立前毕业于高级警官学校，当过地方公安局长，后弃官从文，任过山西大学教员，《山西日报》主笔。李光藩1938年出生于山西省太原市，他从小随父生活，对家传的太极拳有耳濡目染的了解。

新中国成立后不久，李光藩的父亲因病去世，去世前，父亲把他叫到跟前说："根据祖上遗训，你一生不论是顺境还是逆境，特别是不管碰到什么挫折，都要把太极拳当作毕生要练的事业。"并嘱一定要把拳谱、条幅由北京取回。

武禹襄、李亦畬家族过去是广府望族，李光藩从小受家族遗风影响，爱好文学，17岁那年曾在《人民日报》发表过四首短诗，20岁前在《河北文学》、山西《火花》等刊物发表了20多篇文学作品，1956年曾出席过河北省青年业余文学创作会议。然而写作使他遭到了磨难。1958年，他被错划为"右派"，以后安排到县交通局所管辖的一个工厂劳动。先后当过收费员、监理员、保管员、锅炉工等，"文化大革命"期间被遣返广府镇农村劳动。

1967年初，"文化大革命"渐成高潮。一天，县交通局的造反派通知他，要他先回家将家里所存的"四旧"清点上交。他马上赶回家与母亲说明情况，将装有李亦畬手稿的木梳盒拿出来，他记得父亲说过："这盒子里的东西其他什么都可以丢，《节节贯串图》不能丢。"当时他记得《节节贯串图》和解共八张放在盒的最下面。由于门外来抄家的人已吵吵嚷嚷，他赶忙把盒底的七张手稿抽出来，来不及细看，迅速折卷起来，但觉得无处可藏，焦急至极，猛然看见墙角有一堆刚撕下的糊墙的碎报纸，便灵机一动，将这七张条幅插进碎报纸堆里。抄家的人闯进屋来，遍搜了房子，木梳盒里的李亦畬手稿被当作"四旧"烧掉了。有一人走到碎报纸堆上踩了一下见无硬物，也不是"四旧"，便不予关注。抄家人折腾了好一阵子走了，这样，李亦畬的七张手稿条幅侥幸保存了下来。可是李光藩打开条幅一看：《节节贯串图》和解只有四张，即《初合图》和解两张，《合而开图》和解两张，少了第二、三图和解四张。另三张条幅的内容是《定军诀》《身备五弓图》《接手论》等。

　　这七张李亦畬手稿保存下来了，但如何保藏，他和母亲犯难了。李光藩先把条幅藏在房架的椽子空处，母亲说，搁在上面还是不安全，可能以后抄家还有多次。他与母亲商量来商量去，最后决定把七张条幅藏在墙壁中。李光藩移来一张方桌，他上到桌上，把墙壁的一块砖掏出来，用塑料胶纸将条幅包好塞进墙洞里，再用砖封好，抹上灰浆。到了1977年，李光藩搬回原来的祖房住，这房子由于破旧无人住，这七张条幅照样藏在墙里。1978年，李光藩摘掉了"右派"帽子。三中全会后的1980年，社会逐渐稳定，太极拳活动也逐渐恢复，李光藩的母亲说："可以去把那墙壁中的东西拿回来保存了。"李光藩按母亲的要求，去把砖撬开，将七张条幅拿了回来，用文件盒装住。李光藩的母亲于1982年去世，享年82岁。母亲去世后，李光藩视李亦畬的七张手稿为生命，从不示人。

　　1991年，第一届永年国际太极拳联谊会在李光藩的家乡永年县广府镇举行，全国的太极拳活动频繁，书报刊上一些太极拳派的秘传练法也不断公开，李光藩感到改革开放推动了太极拳的广泛传播，他萌生了将李亦畬手稿公开的念头。于是他把李亦畬手书的七张条幅拿到北京荣宝斋请人装裱，与此同时，将其中的一些内容告诉了友好同行，这些友好同行将之见诸报刊。但是由于是口传，李亦畬手稿的内容见诸报刊时有误字。他在将《定军诀》照片给我时说："《定军诀》是第一个给你，也是第一次给人，这原稿照片发表可以更正一些报刊的差错。"

李亦畬手书太极拳遗稿的内容及意义

《定军诀》释文如下：

　　涌（下），源渊不断，力源久远；壮（中），气海坚实，丹田充沛；飘（上），着力轻灵，用力圆活。

　　解曰：底气足，中气运，上气灵，三气合一方能着手奏效也。

据李光藩先生录音整理的李亦畬遗稿内容之《身备五弓图》"解"的部分内容如下："五弓者，上有两膊，下有两腿，中有腰脊，总称五弓。五弓者，总归一弓。一弓张，四弓张；一弓合，四弓合，五弓为一弓，才好实用。大弓张，四弓张；大弓合，四弓合。总须节节贯串，一气呵成，方能人为箭，我为弓。"

李亦畬遗稿内容之《接手论》部分内容："近闻人言'练拳易，接手难'。特别对外家拳、国外柔术、泰拳感到棘手。拳者，权也。权其远近、速度、轻重、虚实、真假、前后、左右，彼之来势，我心中明镜。接手不可过早，更不可过急，恰如其分。前进后退，由彼而定。粘住一处，拿其全身，顺势而进，攻其要害，动其心魄，使其胆肝俱裂……"

李亦畬遗稿的其他内容："……久之则气敛，炼气归神，乃上层之功。气以神领，不可自作主张，气不出尽，中气鼓荡，上气圆活，此乃儒家之道。"

"讲三齐，手与足齐，肘与膝齐，肩与胯齐，乃平日行工走架之规矩。如死守其法，打手必僵硬，无圆活之趣。手与足是首与尾的关系。首尾相应，互相默契配合，中以胯虚和磨腰，才能进者得机得势，退者灵动圆活，无僵硬之病。膝与肘，肩与胯也同此理，百骸如出一心，才能发之有效。"

对以上内容和未公布的《节节贯串图》二图二解，李光藩先生作了以下分析。他认为：其一，李亦畬这些遗稿内容是对他已成书拳论、拳诀的补充，与《五字诀》《走架打手行工要言》《撒放密诀》等拳论、拳诀互相呼应，互为补充，可以参合理解。其二，《五字诀》等拳诀是从理论的高度来阐明拳理，现在保存下来的这些遗稿是拳论的具体化，更具可操作性。其三，说明了李亦畬在原来拳论定稿以后，接受了新的思想，特别是对外国搏击术有新的研究以及提出了对策。如"接手"问题就是对付外国搏击术的一个重要方法，也是取胜的根本原则。

李光藩先生认为，李亦畬这些遗稿是他本人进入拳的上乘境界后对拳的精辟认识，它对指导太极拳的练习者提高练习效果有重要意义。

他保存了李亦畬用过的一把宝剑

李亦畬使用过的兵器传世的有一把宝剑和一条 40 公斤重的铁棍，铁棍给李逊之（李亦畬的二儿子）的门徒练习时折断。余下一把宝剑存李光藩家。此剑刀部长 60.8 厘米，桃木鞘，是李亦畬的珍爱物。这把剑至少在李家存了 100 多年。1966 年，在县城劳动修路的李光藩敏锐感觉到"文化大革命"运动风雨欲来。一天，他跑回家与母亲商量如何妥善保存这把剑。留着这把剑，怕人说是私藏兵器；但祖上的珍物又不宜丢掉。半夜了，母子俩还拿不出主意。最后李光藩说："把剑埋了。"母亲一时听不清说："不能卖。"他说："不是卖，而是埋起来，待以后形势好了再取出来。"母亲同意了。但是埋在什么地方保险呢？经过反复讨论，决定埋在地下。于是李光藩用黄油布、牛皮纸将剑捆扎好，在每年都种丝瓜菜的地里挖了个一尺多深的坑，将剑埋进去。1977 年，他搬家时才把剑挖出来，这把宝剑一埋就是 11 年，取出来时剑被锈蚀得很厉害，但终于将剑保存到现在。

李亦畬作为清末一代太极拳宗师，他写出的已见诸书刊的拳论、拳诀至今还为广大太极拳爱好者所喜爱，并指导着太极拳爱好者在太极大道上向高境界行进。他所遗留的手稿同样闪烁着太极拳真理的光辉，继续照耀着后人。而在极其艰难的情况下千方百计将李亦畬的遗稿遗物保存下来的李光藩先生，相信广大太极拳爱好者都会对他表示深深的敬意。

李亦畬先生所绘之 "太极五弓图"

此 "太极五弓图" 是武式太极拳泰斗李亦畬先生（1832—1892）于清朝末年研创绘制的，"五弓图" 简明扼要，一目了然，深刻明细地阐述了太极拳一身备五弓之哲理。本图对研习太极拳技击实战有极其重要的作用，尤其对矢志不渝求真功、刻苦钻研太极之精髓者，将起到巨大作用。此图是李亦畬老前辈集毕生精力精心绘制并珍藏下来的宝贵资料之一。今公布于世，望太极同道深研细究，揣摩其理，提高技艺，共同为太极拳事业发展做出更大贡献。

　　身备五弓解（太极五弓图释）：

　　五弓者，上有两膊，下有两腿，中有腰脊，总称五弓。五弓者，总归一弓。一弓张，四弓张；一弓合，四弓合，五弓为一弓，才好实用。大弓张，四弓张；大弓合，四弓合。总须节节贯串，一气呵成，方能人为箭，我为弓。

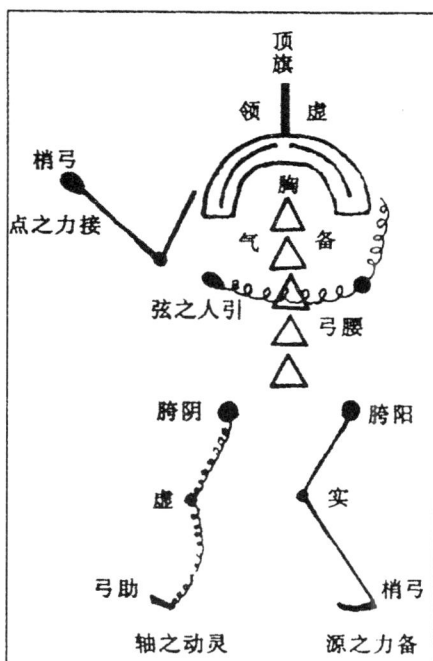

「李氏太极拳谱」编次者李福荫先生

贾　朴

李福荫（1892—1943），字集五，享年62岁。1913年毕业于保定高等师范学堂理化系。工诗词，善篆刻，爱书画。初任滦县初中教员。年余返里，任河北省立永年十三中学理化、数学教员，后任训育主任。直至"七七事变"，从事教育工作凡20余年。先生授课循循善诱，深受学生爱戴。对校规之建立，教学之改革，颇多建树；为人正直，嫉恶如仇，乐善好施，尤为里人所尊敬。

先生在父亲教导下，7岁开始学太极拳，除受家训外，又拜郝为真先生为师。1914年为真先生返里后，任省立永年十三中学武术教师，得以朝夕受教前后近20年。郝师门生中能如此长期受教者仅二三人也。为真先生既殁，门人李福荫（字集五）、韩文明（字钦贤）、张振宗（字玉轩）等思念不忘，立石墓前，以作纪念，并作俎豆之祀。

1925年，许之洲任县长，成立国术馆，聘先生为教员。另外在他倡议下，私人集资，成立了"太极酱菜园"，作为至亲好友练拳研究之场所，经营所得，作为活动开支费用。1929 年先生在十三中校任教期间，首次将李启轩藏《廉让堂太极拳谱》（后称《李氏太极拳谱》，"老三本"之"启轩本"）编排油印，分发给国术馆学员，人手一册。至 1936 年数年间，先生又将油印本、石印本多次复印。凡索取者，近至邻县，远及京津，皆无偿赠送。当时为了健身御侮，其用心亦良苦矣。

先生堂弟李槐荫（字子固，亦畲公之长孙），供职晋省。1934 年返乡省亲，与先生商讨刊印《李氏太极拳谱》事，先生慨然允襄厥成，将祖父启轩藏本重新编次，由李槐荫携稿在太原于 1935 年铅印出版。应李槐荫之请，前有邱仰浚（山西沁县）、马立伯（山西稷山）作序。邱先生又亲题《李氏太极拳谱》书名。后有李福荫太极拳谱后序暨李槐荫、李棠荫《刊印先祖李亦畲公太极拳谱缘起》。此谱流传社会，对太极拳的发扬，起到很大作用。如最近沈寿先生编辑的《太极拳谱》（1991 年版）乃集太极拳谱之大成者。他根据《李氏太极拳谱》内容，详加校对，重新编排，析为王谱、武谱、李谱，分为三卷列于《太极拳谱》之首。后附李福荫先生后序。《李氏太极拳谱》为治太极拳者必读之经典著作，先生诚太极拳之功臣也。1939 年，师叔福荫老师亦将该书授我一册，受益匪浅，转瞬已 60 年了，为了不忘所学，特附记之。

轩公（名承纶），光绪乙亥（1875 年）恩科举人，己丑（1889 年）科大挑二等，候选训导。勤著述，爱考古，淡泊名利，无意仕途，乃先生之祖父，亦畲公之胞弟，共同学太极拳于母舅武禹襄。练拳终生，悉心研究，遂臻神明，著有《敷字诀》存世（见"老三本"）。与其兄亦畲公齐名。杨班侯少时曾就学于武禹襄，与公年相若，两家素为世交，常相互切磋拳艺。公曾将王宗岳《太极拳论》及有关拳理书赠班侯。在永年当时武艺最高者要数启轩公兄弟与杨班侯。得公传者有：清河葛顺成、南宫马静波、本邑郝和等。公有子宝琛、宝箴、宝桓，俱为庠生。得家传者宝琛、宝桓二人也。

宝琛公（1865—1922 年）乃李福荫先生之父也，享年 47 岁。曾任县学训导，未几归里练拳，诵读，钻研医学，勤奋一生。7 岁开始学拳，数十年如一日。与人推手引进落空，遂即发出，人多不敢与之相较。永年城内街道都是土路，雨后道路泥泞，一习武者自恃艺高，在路上故意从公后方抢道撞身而上，刚触公之肩膀，遂即跌出丈余之外。轩公尝告诫他少与他人试手，以免伤人。公常以肩、肘、胸、背化力发人。其技艺之精类如此。

光绪二十四年（1898 年），岑旭阶太守来守此邦，延请宝琛、宝桓二公教其子侄，是时先生亦从学焉。宝琛公又精于中医外科，常亲配膏散，免费为病人开刀敷药，活人甚众。感其医术之精湛，医德之高尚，远近乡里送其"仙手佛心"匾额一方，悬挂门楣，永作纪念。

1937 年"七七事变"后，永年完小、中校相继恢复，请先生任教，坚辞不就。1940 年，日伪县长何某请其教拳，以足疾难愈辞。惟闭门教子侄拳，课子侄读，醉心于诗词书画，聊以遣发忧郁之心情。此后家道日落，布衣粗食，忧国忧民，积久成疾，城外八路军地工（城内为沦陷区）多为原十三中校学生，感先生之"民族气节"，潜入城中，为其医治，终因病重，医治无效，于 1943 年腊月逝世。

先生虽不以教拳为生，但数十年坚持练拳终生不懈。常曰："拳谱之理甚精，习拳者之技艺高下，惟视其方法是否正确，及其所下之功夫久暂而定。"又曰："内家拳非着重于'力'，而要意、气、神也。必须内外一体，周身一家，非囿于一招一势也。"先生常结合物理学之原理、力学之分解与合成，分析推手蓄发之功，吸即能化，呼即能出，与人相较，屡试不爽，与同辈及子侄推手，常使对方搭手站立不稳，丢手必自行摔跤。惟先生发劲掌握分寸，总使对方后退几步，即能站稳，以不使人摔倒为原则。

先生有子三人：中藩、正藩、公藩。惟次子正藩从小走架，与父亲推手，能继承家传。

先生多年积累之太极拳心得体会等笔记，经十四年抗战，均荡然无存。李氏素遵祖训，以诵读为业，不以教拳为生，因此外界知之甚少，传人亦不多，但先生编次之《李氏太极拳谱》将永放光芒。李家太极拳四世相传弗替，在此太极拳空前发扬之际，克绍家业者，将大有人在也。

（据师弟李正藩提供资料整理）

回忆先师李化南先生二三事　李迪生

　　我学习太极拳是由同学李屏藩介绍的。他也爱拳，提起练拳的事，他非常高兴，并说："我族叔李化南（棠荫）在西街教学，他原在太原授拳，名气很大，现在回来了，在家教书。我去求他，看看如何？"经屏藩介绍，我们联络同学四人，即李屏藩、李锦藩、赵振国和我，到李老师处学拳。不久师父看我们有点学拳的材料，就收为门徒，拜师学艺。

　　先师李化南是城内西街武术世家、太极拳大师李亦畬的长门亲孙，其父李石泉为李亦畬老先生的长子，先师化南之兄李槐荫（字子固，即《廉让堂太极拳谱》编著者）。先师幼年即随其父和兄长练拳，颇得家系真传。他有时也向其叔父李逊之先生请教。先师自幼聪慧，学习颇快，因此，在这些老前辈的指导、哺育下，练得一身太极拳功夫，对太极拳的技艺极备精巧。后随其兄子固在太原授拳，旋里后即在家乡教书授拳。至1937年"七七事变"后，参与革命工作，在抗日战争和解放战争中，战功卓著。后不幸殉职，葬于邯郸革命烈士陵园。

先师教的拳架为太极拳中架，这趟架子学了两个半月。我们是抽课外时间学习的，不能天天学，也不能晚上学，因学校有晚自习，如同上课，到时点名，不能缺课。在学习过程中先师要求严格，一丝不苟，每一招一式都是要按起承转合一气完成，把这式做正确后，才能接教下一式，以架中之单鞭式为一小段落，必须一小段一小段做顺后才行。他说："教拳容易改拳难，马马虎虎学过去，以后再改不容易。"所以开始学得很慢，务求正确，并要求每天至少练三遍架子，多者不限。

对身法的要求：必须做到虚灵顶劲，尾闾中正，涵胸拔背，松腰落胯，转接灵活。用意识引导，不用拙力。每式都须做到劲起于脚跟，通过腰臂而达于手指，然后将劲松开，不能一股劲地一玩到底，也不能自始至终虚飘飘地比划。

虚实分明，开合有致。在练架子中虚实分明是非常重要的，这对初学者来说必须通过架势养成虚实承接的习惯。以后无论在什么地方应用，一举动虚实自会摆得正确，才能接劲有方，开合有致，进退得力，走化灵活。

眼神内聚，注视指端。在练架子中眼神内聚，随手注视，这样出手既无呆相，而且动作圆活柔顺，一气贯串。如眼神散视，即要产生偏头缩肩身体歪斜的毛病。

呼吸自然，不要憋气，使气血自然流畅。四肢百骸连绵活动就能促进呼吸匀细深长，增强承受力。

回忆自己在学架当中有偏头毛病，很长时间才纠正过来。

先师说学习推手有三步：

第一步，先练习搭手，即两人对立，出左（或右）步搭左手，然后互相朝一个方向转动，专门练习手的接法，不准接于手指上或手背上，而必须接于手腕上。在转接的过程中不许用力，不许发劲，只要求接得准，接得随畅。

第二步，在接准转随的基础上练定步推手。由练架子中学来的周身一家脚手随的整体运动，贯穿到四正（掤撮挤按）和四斜（採挒肘靠）的劲法中去，相互喂劲达到熟练。在这个学习中允许用发劲和走化劲，用以体会粘黏连随的劲在自我身上（皮肤上）的感觉。

第三步，教活步推手。活步推手内容更多，在推手中应用的手法、身法、步法的施用方法（包括五步，即前进、后退、左顾、右盼、中定）先师都详细地讲解，每教一个劲别先讲明道理，再结合身教示范，使我们从实践中得以明白。师父说："身教胜于言教，不亲身示范，就很难理解，更难掌握。"在推手练习中我挨的打最多。有一次师父说，他前后胸都能打人。我想体会一下是怎么个劲别，征求师父同意即向师父胸部右侧用右拳打去。当拳似到未到之际，好像受到一种挫力，把直拳打成栽拳，像打到一个皮球上似的，只觉得拳向下栽了一下，先师右臂往外些许一伸，"哈"的一声我早已跌出八尺以外。又叫打后胸，我当时没敢打。屏藩打了一下后胸，被发到门坎上。

1936年春节，城隍庙看灯，我对门邻居染房铺一个伙计叫小喜，是武安人，会梅花拳，虽然不是大成手也是练了几年了，喜欢打闹。在看灯的路上，经过节孝祠（教学的地方），我进去后看到先师在找什么东西，他见我进来，停下问："你干什么？"我说："看灯路过。""有事吗？"我说邻居小喜总想学前后胸打人，是否能教他。先师笑了："那有什么好处，招是惹非的。"说着小喜进来了，先师问他说："你想学前后胸打人？""嗯，是。"先师说，"你打前呀，打后呀？"小喜说："打后。"先师向南走了两步，面向南，叫小喜由北向南（背后）打，小喜一拳打去。师父一起向后略坐，"哈"的一声，小喜被跌出碰在一个捐款修祠时竖的石碑上，幸未把头碰破。在推手上，除教四正四斜和五行步法外，先师还教了乱采花推手法和散手架子；此外还教了太极拳不轻传的"搓拔切带扬沉滚吸"八个劲别，以及在散手中的三种接劲方法。不过因我最愚钝，只略知皮毛，不能细述。

永年太极园

李正藩

20 世纪 30 年代，举国掀起了抗敌御侮的高潮。永年县为杨、武式太极拳的发祥地，全城上下以及民间都有练习太极拳的传统。除有县立国术馆外，民间亦有各式各样的练太极拳的群众组织。永年太极拳的鼎盛，于此可见一斑。先父李福荫除任国术馆教员外，为了至亲好友有个研究太极拳的好场所，商及亲友，筹集资金，创建了一个"太极酱菜园"（后称"太极园"），以经营所得，作为日常开支费用。太极园采用募股的办法，每股 500 元，共募 5 股半，计有：草市街武芳圃（武家绪字辈，武禹襄之孙），洺阳村武常祺（我大姑母之子），肥乡冷荫棠（先父盟弟，十三中英语教员），李召荫（字希伯，信甫公之子）及我父各一股，迎春街郝砚耕（郝为真三子）半股，共集资 2750 银圆，于是"太极园"得以诞生。

"太极园"位于永年城内东大街道南。武皓山（武家毓字辈）家之西侧，原属皓山之房产，铺面具有外廊，宽为三间，内有庭院两进，并有一侧院及一小后院。前院很大，为练拳之所。"太极园"成立之时，门庭之上敦厚苍劲的三个大字及门庭隔扇的两首唐诗，为久负盛名的书法家武小宣（邑庠生，工诗词，善书画，书法以正楷及行书为优。西大街道南太和堂原为武汝清弟兄房产，后由武小宣之子武毓耕继承）所书。而每年春节书于门面的若干春联，则为先父撰书。我尚记得廊柱上所书一副春联为"太极生无穷变化，酱园是有味经营"，内涵深邃，语意双关，可称是一佳联。

当时常在"太极园"练拳的有武小宣、武勃然、武芳圃、郝砚耕、冷荫棠、先父、希伯堂叔及东大街王式周表兄（王耕三之子）等。至于子侄辈均尚年幼，则随其后，亦步亦趋而已。其后亦常有人来此练拳比武，或请求教益，惜余年幼，不识其为何许人，更不知其姓甚名谁也。现将两首唐诗列下：

凉州词

王翰

葡萄美酒夜光杯，欲饮琵琶马上催。

醉卧沙场君莫笑，古来征战几人回。

芙蓉楼送辛渐

王昌龄

寒雨连江夜入吴，平明送客楚山孤。

洛阳亲友如相问，一片冰心在玉壶。

在"太极园"左右隔扇书此两首唐诗，寓意有二：一则提示太极拳人，应有抗敌御侮、保国卫民、征战沙场的抱负和气概。虽身临沙场，却具有豪放开朗的感情和视死如归的勇气。另一首则以"清如玉壶冰"，来暗示太极拳人应有的高洁清白的品格，如有一片冰心在玉壶之中，不为尘垢所染，不为世俗所移。此两诗实乃当时"太极园"全体太极同仁之心声，籍古人之诗以抒情言志耳。此亦太极文化之充分发挥也。"七七事变"后，"太极园"停止活动。

第二编

拳架篇

武式太极拳一路

第五十三式　右懒扎衣

第五十四式　斜单鞭

第五十五式　野马分鬃一

第五十六式　野马分鬃二

第五十七式　野马分鬃三

第五十八式　野马分鬃四

第五十九式　手挥琵琶势

第六十式　右懒扎衣

第六十一式　单鞭

第六十二式　玉女穿梭一

第六十三式　玉女穿梭二

第六十四式　玉女穿梭三

第六十五式　玉女穿梭四

第六十六式　手挥琵琶势

第六十七式　右懒扎衣

第六十八式　单鞭

第六十九式　云手一

第七十式　云手二

第七十一式　云手三

第七十二式　单鞭

第七十三式　下势

第七十四式　右更鸡独立

第七十五式　左更鸡独立

第七十六式　倒撵猴一

第七十七式　倒撵猴二

第七十八式　倒撵猴三

第七十九式　倒撵猴四

第八十式　提手上势

第八十一式　白鹅亮翅

第八十二式　左搂膝拗步

第八十三式　手挥琵琶势

第八十四式　按势

第八十五式　青龙出水一

第八十六式　青龙出水二

第八十七式　三甬背一

第八十八式　三甬背二

第八十九式　单鞭

第九十式　云手一

第九十一式　云手二

第九十二式　云手三

第九十三式　单鞭

第九十四式　右高探马

第九十五式　对心掌

第九十六式　单摆莲

第九十七式　上步指裆捶

第九十八式　上步懒扎衣

第九十九式　单鞭

第一百式　下势

第一百零一式　上步七星

第一百零二式　退步跨虎

第一百零三式　转脚摆莲

第一百零四式　弯弓射虎

第一百零五式　懒扎衣

第一百零六式　退步双抱捶

第一百零七式　十字手

第一百零八式　合太极

拳架图解

武式太极拳　　完整演示
简介　　　（李光藩）

第一式　起式（面朝南）

　　两脚与肩同宽，两膝微屈，两肩放松微向内收。头部与身体保持正直，两手自然下垂，置于体侧（图1-1）。

起式

图1-1

两手徐徐上举，与肩同宽后下落。两眼平视，呼吸自然。（图1-2）

第二式　左懒扎衣（面朝东南）

右脚向内移动45°左右，同时身体向左侧移动，左脚随右脚移动后，脚尖微微点地，呈不丁不八步。两手随之上举置于胸前，左手在前，右手在后，手指自然竖起，呈荷叶掌。左脚向左迈出，脚跟先着地，右脚微微后撑。两手完成掤劲挤按动作，由内劲支配外形（图1-3）。

左懒扎衣

图1-2　　　　　　　　　　　　　图1-3

第三式　右懒扎衣（面朝西南）

左脚跟稍内扣，同时右脚尖轻轻点地。两手置于胸前。右脚轻轻迈出。右手在上，左手在下，完成掤劲挤按动作。左腿微后撑（图1-4）。

右懒扎衣

第四式　单鞭（面朝东）

右脚内扣45°。左右手掌相托，竖掌。左脚随右脚移动，脚尖点地（面朝东）。左脚向前迈出，右脚微后蹬成左弓步。左手向左前方伸出，同时，右手向右后撑出（图1-5）。

单鞭

图 1-4　　　　　　　　　　　　　图 1-5

第五式　提手上势（面朝西南）

左脚向内扣，右脚尖点地。左手在上，右手在下，置于胸前（图 1-6）。

提手上势

第六式：白鹅亮翅（面朝西南）

右脚向前迈出（面朝西南），左脚微后撑。右手在额头处，左手在脸前（图 1-7）。

白鹅亮翅

图 1-6　　　　　　　　　　　　　图 1-7

第七式　左搂膝拗步（面朝东北）

右脚向内扣，左脚回收靠近右脚。身体向左后方转动，左手在上，右手在下（图1-8）。

左搂膝拗步

左脚向前迈出，右手向前伸出；右脚微后撑，左手下落置于左胯旁（图1-9）。

图1-8   图1-9

第八式：手挥琵琶势（面朝东北）

右脚跟上左脚后即撤步，左脚尖点地后即向前迈步。右手向下抽回后置于胸前，左手在上在前（图1-10）。

手挥琵琶势

第九式：左搂膝拗步（面朝东北）

左脚稍向前迈步，右脚微后撑，右手向前伸出，左手下落在胯（图1-11）。

左搂膝拗步

図 1–10　　　　　　　　　　　　図 1–11

第十式：右搂膝拗步（面朝东南）

右脚跟上左脚后脚尖点地，左脚跟同时微向外侧移动。腰带手身体向右侧移动，右脚迈出，左脚后撑。右手下落胯前，左手置于胸前（图 1–12）。

右搂膝拗步

図 1–12

第十一式　上步搬拦捶（面朝正东）

左脚向右脚靠拢，左脚尖点地，右脚跟同时稍向内扣。右手握拳置于腰处，拳眼朝上。左脚向前迈出，右脚后撑。右拳冲出，左手向右手靠拢，右脚跟上左脚后脚尖点地（图1-13～图1-15）。

上步搬拦捶

图1-13　　　　　　　图1-14　　　　　　　图1-15

第十二式　如封似闭（面朝正东）

右拳松开呈掌，两手心朝下，稍回抽（图1-63）。左脚向前迈出，右脚后撑呈弓步。两手同时向前按出（图1-16～图1-18）。

如封似闭

图1-16　　　　　　　图1-17　　　　　　　图1-18

第十三式 抱虎推山（面朝西北）

左脚尖内扣，转动，右脚尖点地，身体向后转 270°。左手掌置于胸前，右手掌心朝下，置于右胯旁（图 1-19、图 1-20）。

抱虎推山

图 1-19　　　　　　　　图 1-20

第十四式：手挥琵琶势（面朝东北）

左脚跟上右脚后撤步，右脚尖点地后即向前迈步。右手向下抽回后在前，左手置于胸前（图 1-21）。

手挥琵琶势

图 1-21

第十五式：右懒扎衣（面向西南）

右脚轻轻迈出，右手在上，左手在下，完成掤劲挤按动作。左腿微后撑（图1-22）。

右懒扎衣

第十六式：单鞭（面朝东）

右脚内扣45°，左右手掌相托，竖掌。左脚随右脚移动，脚尖点地（面朝东）。左脚向前迈出，右脚微后蹬成左弓步。左手向左前方伸出，同时，右手向右后撑出（图1-23）。

单鞭

图1-22

图1-23

第十七式　迎面掌（面朝东南）

左脚内扣，右脚向左脚靠拢后向右迈出，呈右弓步。右脚迈步同时，右手掌伸出（图1-24）。

迎面掌

第十八式　肘底看捶（面朝西北）

右脚内扣，左脚尖点地，同时身体向左后转270°。右手由掌变拳，右手经左手下，左手竖掌（图1-25）。

肘底看捶

图 1-24　　　　　　　　图 1-25

第十九式　倒撵猴一（面朝西北）

左脚向前迈出，右脚稍后撑。左手下落于胯旁，右手由拳变掌推出，置于胸前，左手在下，右手在上（图 1-26）。

倒撵猴一

第二十式　倒撵猴二（面朝西南）

左脚内扣，同时右脚尖点地后 180° 转动。同时，右手臂平举，左手竖掌，即平臂带人，立掌发人。定势后，左手在上，右手在下（图 1-27）。

倒撵猴二

第二十一式　倒撵猴三（面朝西北）

左脚向前迈出，右脚稍后撑。左手下落于胯旁，右手竖掌推出，置于胸前，左手在下，右手在上（图 1-28）。

倒撵猴三

第二十二式　倒撵猴四（面朝西南）

左脚内扣，同时右脚尖点地后 180° 转动。转动中右手臂平举，左手竖掌，即平臂带人，立掌发人。定势后，左手在上，右手在下（图 1-29）。

倒撵猴四

图 1-26　　　　　　　　　　图 1-27

图 1-28　　　　　　　　　　图 1-29

第二十三式　提手上势（面朝西南）

左脚向内扣，右脚尖点地。左手在上，右手在下，置于胸前（图 1-30）。

提手上势

第二十四式：白鹅亮翅（面朝西南）

右脚向前迈出（面朝西南），左脚微后撑（图 1-31）。

白鹅亮翅

图 1-30　　　　　　　　　　　图 1-31

第二十五式　左搂膝拗步（面朝东北）

右脚向内扣，左脚回收靠近右脚。身体向左后方转动，左手在上，右手在下（图 1-32）。

左搂膝拗步

右手在额头处，左手在脸前。左脚向前迈出，右手向前伸出。右脚微后撑，左手下落置于胯前（图 1-33）。

图 1-32　　　　　　　　　　　图 1-33

第二十六式：手挥琵琶势（面朝东北）

右脚跟上左脚后即撤步，左脚尖点地后即向前迈步。右手向下抽回后置于胸前，左手在上在前（同图1-10）。

手挥琵琶势

第二十七式　按势（面朝东）

左脚尖点地，右脚微（朝东）。弯腰下按，右手坐腕，左手腕朝后，指尖朝上（图1-34）。

按势

图1-34

第二十八式　青龙出水一（面朝东）

左脚向前迈出，左手在胸前坐腕。右脚微撑，呈左弓步，右手在额头处（图1-35）。

青龙出水

第二十九式　青龙出水二（面朝西）

左脚跟向右后转成180°，右脚微点地后迈出。左手在额前，右手平推出（图1-36）。

图 1-35　　　　　　　　　　　图 1-36

第三十式　三甬背一（面朝西南）

右脚跟稍内扣，左脚尖点地后向左 45° 迈出，右脚微后撑。两手由下朝上画弧线推出，坐腕与胸同高，左手略高（图 1-37）。

三甬背一

第三十一式　三甬背二（面朝西北）

动作相同，方向相反（图 1-38）。

三甬背二

图 1-37　　　　　　　　　　　图 1-38

第三十二式　单鞭（面朝东）

单鞭

右脚内扣 45°。左右手掌相托，竖掌。左脚随右脚移动，脚尖点地（面朝东）。左脚向前迈出，右脚微后蹬成左弓步。左手向左前方伸出，同时，右手向右南撑出（图 1-39）。

图 1-39

第三十三式　云手一（面朝南）

云手一

左脚向右脚靠拢后向左迈横步，左脚尖向左 45°，右脚微撑。左手先随右脚收回于腹前，手心朝上。右脚随左脚向左迈横步。左手变在上，掌心朝下；右手变在下，掌心朝上。（图 1-40～图 1-45）

图 1-40

图 1-41

图 1-42

图 1-43　　　　　　　　图 1-44　　　　　　　　图 1-45

第三十四式　云手二（面朝西）

左脚跟内扣，右脚尖点
地后撤步。右手由下往上竖
掌，左手在下，两手有对应
之意，上下翻飞，腰带四肢
（图 1-46）。

云手二

图 1-46

第三十五式　云手三

左脚向右脚靠拢后向左
迈横步，左脚尖向左 45°，
右脚微撑。左手先随右脚收
回于腹前，手心朝上。右脚随左脚向左迈横步，左手变在上，掌心朝下；
右手变在下，掌心朝上（见图 1-40~ 图 1-45）。

云手三

第三十六式　单鞭（面朝东）

右脚内扣 45°，左右手掌相托，竖掌。左脚随右脚移动，脚尖点地（面朝东）。左脚向前迈出，右脚微后蹬成左弓步。左手向左前方伸出，同时，右手向右后撑出（图 1-47）。

单鞭

第三十七式　提手上势（面朝西南）

左脚向内扣，右脚尖点地。左手在上，右手在下，置于胸前（图 1-48）。

图 1-47　　　　　　　　　　　　图 1-48

第三十八式　右高探马（面朝东南）

右脚向右 45° 迈出，左脚微撑，呈右弓步。左手在上，掌心朝下；右手在下，掌心朝上（图 1-49）。

右高探马

第三十九式　左高探马（面朝东北）

右脚内扣，左脚尖着地后向左 45° 迈出。左手下落在左下，掌心朝上；右手在上，掌心朝下（图 1-50）。

左高探马

图 1-49 图 1-50

第四十式　右起脚（面朝东南）

右脚靠拢左脚后起脚，脚尖朝前，左脚支撑，膝微屈。两手收回胸前后外撑（图 1-51）。

右起脚

第四十一式　左起脚（面朝东南）

右脚尖落地后呈支撑腿，左脚起脚，脚尖朝前。左右起脚时，意在脚尖。两手收回胸前后外撑（图 1-52）。

左起脚

图 1-51 图 1-52

第四十二式　转身蹬一脚（面朝西）

转身 180°，左脚尖点地后脚跟蹬出，脚尖朝上，右脚支撑。左手在胸前，掌心向前，指尖向上（图 1–53）。

转身蹬一脚

第四十三式　践步栽捶（面朝西）

双脚离地，向前跳跃。左手在前，在上，右手在下。双脚落地后呈左弓步。左手在左胯处，右手握拳栽捶，拳面朝下，拳眼朝前（图 1–54）。

践步栽捶

第四十四式　翻身二起（面朝东）

转身后 180°，左脚在上，右脚在下。右手在上，左手在胯处。左脚下落，右脚起，左脚落地后右脚下落。双手随后收回（图 1–55）。

翻身二起

图 1–53　　　　　　　　　图 1–54　　　　　　　　　图 1–55

第四十五式　披身（面朝东）

右脚收回，脚尖点地，左膝微屈。左手轻握拳在耳旁，右手握拳在腹部，拳眼有对应之意（图1-56）。

披身伏虎

第四十六式　伏虎（面朝东）

右脚后撤一步，左脚尖点地，右膝微屈。右手握拳在耳旁，左手握拳在腹部（图1-57）。

图1-56　　　　　　　图1-57

第四十七式　踢一脚

左脚跟前踢，脚尖朝上，右脚支撑。双手由拳变掌，左手在上，右手在下（图1-58）。

踢一脚

第四十八式　转身蹬脚

转身360°，蹬右腿，脚尖朝上，左脚支撑。右手在上在前，左手在下在后，竖腕（图1-59）。

转身蹬脚

图 1-58　　　　　　　　　　　　图 1-59

第四十九式　上步搬拦捶（面朝东）

左脚向右脚靠拢，左脚尖点地，右脚跟同时稍向内扣。右手握拳置于腹处，拳眼朝上。左脚向前迈出，右脚后撑。右拳冲出，左手向右手靠拢（图 1-60~图 1-62）。

上步搬拦捶

图 1-60　　　　　　　图 1-61　　　　　　　图 1-62

第五十式　如封似闭（面朝东）

右脚向左脚靠拢后撤回，左脚点地。右拳松开呈掌，两手心朝下，稍回抽（图1-63）。左脚向前迈出，右脚后撑呈弓步。两手同时向前按出（图1-64）。

如封似闭

图1-63　　　　　　　　图1-64

第五十一式　抱虎推山（面朝西北）

抱虎推山

左脚尖内扣转动，右脚尖点地，身体向右后转270°。左手置于胸前，右手掌心朝下，置于右胯旁。右脚向前迈出，左脚呈弓步。左手掌稍向前推，右手稍往回抽（图1-65）。

图1-65

第五十二式　手挥琵琶势（面朝东）

左脚跟上右脚后即撤步，右脚尖点地后即向前迈步。右手向下抽回后在前，左手置于胸前（图1-66）。

手挥琵琶势

第五十三式　右懒扎衣（面朝西南）

右脚轻轻迈出，右手在上，左手在下，完成掤劲挤按动作。左腿微后撑（图1-67）。

右懒扎衣

第五十四式　斜单鞭（面朝东南）

右脚内扣45°，左右手掌相托，竖掌。左脚随右脚移动，脚尖点地（面朝东）。左脚向前迈出，右脚微后蹬成左弓步。左手向左前方伸出，同时，右手向右后撑出（图1-68）。

斜单鞭

图1-66　　　　　　　图1-67　　　　　　　图1-68

第五十五式　野马分鬃一（面朝西南）

双脚同时移动，左脚向右脚靠拢，左手在上，右手在下。左脚向左 45° 迈出，右脚后撑。右手置于腹前，掌心朝上；左手在上，掌心朝下（图 1-69）。

野马分鬃一

第五十六式　野马分鬃二（面朝西北）

左脚跟稍内扣，右脚向右侧迈出。右手在上，掌心向下；左手在下，掌心朝上（图 1-70）。

野马分鬃二

第五十七式　野马分鬃三（面朝西南）

双脚同时移动，左脚向右脚靠拢。左手在上，右手在下。左脚向左 45° 迈出，右脚后撑。右手置于腹前，掌心朝上；左手在上，掌心朝下（图 1-71）。

野马分鬃三

第五十八式　野马分鬃四（面朝西北）

左脚跟稍内扣，右脚向右侧迈出。右手在上，掌心朝下；左手在下，掌心朝上（图 1-72）。

野马分鬃四

图 1-69　　　　　　　　　　图 1-70

图 1–71   图 1–72

第五十九式   手挥琵琶势（面朝东）

左脚跟上右脚后即撤步，右脚尖点地后即向前迈步。右手向下抽回后在前，左手置于胸前（图 1–73）。

手挥琵琶势

第六十式   右懒扎衣（面朝西南）

右脚轻轻迈出。右手在上，左手在下，完成掤劲挤按动作。左腿微后撑（图 1–74）。

右懒扎衣

图 1–73   图 1–74

第六十一式　单鞭（面朝东）

右脚内扣 45°，左右手掌相托，竖掌。左脚随右脚移动，脚尖点地（面朝东）。左脚向前迈步，右脚微后蹬成左弓步。左手向左前伸出，同时，右手向右后撑出（图 1-75）。

单鞭

图 1-75

第六十二式　玉女穿梭一（面朝西南）

右脚向右侧转，左脚同时靠拢右脚后足尖点地，向左迈出，右脚后撑。左手上举至额部，掌心朝外；右手在脸前，竖掌（图 1-76）。

玉女穿梭一

第六十三式　玉女穿梭二（面朝东南）

左脚扣，右脚尖点地。双手下落在胸前。右脚右后侧 180° 迈出，呈右弓步。右手上举至额部，掌心朝外；左手在脸前，竖掌（图 1-77）。

玉女穿梭二

第六十四式　玉女穿梭三（面朝东北）

右脚内扣，左脚向右脚靠拢后，轻点地。两手收回胸前。左脚向左侧迈出，呈左弓步。左手上举至额部，掌心朝外；右手在脸前，竖掌（图 1-78）。

玉女穿梭三

第六十五式　玉女穿梭四（面朝西北）

右脚向右后侧 180° 迈出，呈右弓步。右手在额前，左手在脸前（图 1-79）。

玉女穿梭四

图 1-76   图 1-77

图 1-78   图 1-79

第六十六式   手挥琵琶势（面朝东北）

左脚跟上右脚后即撤步，右脚尖点地后即向前迈步。右手向下抽回后在前，左手置于胸前（图 1-80）。

手挥琵琶势

第六十七式   右懒扎衣（面朝西南）

右脚轻轻迈出。右手在上，左手在下，完成掤劲挤按动作。左腿微后撑（图 1-81）。

右懒扎衣

图 1-80　　　　　　　　　　图 1-81

第六十八式　单鞭（面朝东）

右脚内扣 45°，左右手掌相托，竖掌。左脚随右脚移动，脚尖点地（面朝东）。左脚向前迈出，右脚微后蹬成左弓步。左手向左前方伸出，同时，右手向右南撑出（图1-82）。

单鞭

图 1-82

第六十九式　云手一（面朝南）

左脚向右脚靠拢后向左迈横步，左脚尖向左 45°，右脚微蹬。左手先随右脚收回于腹前，手心朝上。右脚随左脚向左迈横步。左手变在上，掌心朝下；右手变在下，掌心朝上（见图 1-40~ 图 1-45）。

云手一

第七十式　云手二（面朝西）

左脚跟内扣，右脚尖点地后撤步。右手由下往上竖掌，左手在下，两手有对应之意，上下翻飞，腰带四肢（见图 1-46）。

云手二

第七十一式：云手三

左脚向右脚靠拢后向左迈横步，左脚尖向左 45°，右脚微撑。左手先随右脚收回于腹前，手心朝上。右脚随左脚向左迈横步，左手变在上，掌心朝下；右手变在下，掌心朝上（见图 1-40~ 图 1-45）。

云手三

第七十二式　单鞭（面朝东）

右脚内扣 45°，左右手掌相托，竖掌。左脚随右脚移动，脚尖点地（面朝东）。左脚向前迈出，右脚微后蹬成左弓步。左手向左前方伸出，同时，右手向右后撑出（图 1-83）。

单鞭

第七十三式　下势（面朝东）

右腿稍后坐。右手在耳旁，左手在膝处。右腿后坐，左膝微屈。右手在耳旁，左手在左踝处。重心移到左腿呈左弓步，左手竖掌在胸前，右手下按在胯旁（图 1-84）。

下势

图 1-83　　　　　　　　　　图 1-84

第七十四式　右更鸡独立（面朝东）

右脚右手同时上提，右膝弯曲，脚尖下垂，右手竖掌在胸前。左脚支撑，左手按至胯旁（图1-85）。

右更鸡独立

第七十五式　左更鸡独立（面朝东）

右脚落地后左脚上提，左膝弯曲，脚尖下垂。左手竖掌在胸前。右脚支撑，右手按至胯旁。左脚缓缓向前方蹬出（图1-86），脚跟发力，脚尖回钩，高不过胯，低不过膝。

左更鸡独立

图1-85　　　　　　　　图1-86

第七十六式　倒撵猴一（面朝西北）

左脚向前迈出，右脚稍后撑。左手下落于胯旁，右手由拳变掌推出，置于胸前，左手在下，右手在上（图1-87）。

倒撵猴一

第七十七式　倒撵猴二（面朝西南）

左脚内扣，同时右脚尖点地后180°转动。转动中右手臂平举，左手竖掌，即平臂带人，立掌发人。定势后，左手在上，右手在下（图1-88）。

倒撵猴二

第七十八式　　倒撵猴三（面朝西北）

左脚向前迈出，右脚稍后撑。左手下落于胯旁，右手竖掌推出，置于胸前，左手在下，右手在上（图1-89）。

倒撵猴三

第七十九式　　倒撵猴四（面朝西南）

左脚内扣，同时，右脚尖点地后180°转动。转动中右手臂平举，左手竖掌，即平臂带人，立掌发人。定势后，左手在上，右手在下（图1-90）。

倒撵猴四

图 1-87

图 1-88

图 1-89

图 1-90

第八十式 提手上势（面朝西南）

左脚向内扣，右脚尖点地。左手在上，右手在下，置于胸前（图1-91）。

提手上势

第八十一式 白鹅亮翅（面朝西南）

右脚向前迈出，左脚微后撑。右手在额头处，左手在脸前（图1-92）。

白鹅亮翅

图1-91　　　　　　　图1-92

第八十二式 左搂膝拗步（面朝东北）

右脚向内扣，左脚回收靠近右脚。身体向左后方转动，左手在上，右手在下。左脚向前迈出，右手向前伸出。右脚微后撑，左手下落置于左胯旁（图1-93）。

左搂膝拗步

第八十三式 手挥琵琶势（面朝东）

右脚跟上左脚后即撤步，左脚尖点地后即向前迈步。右手向下抽回后置于胸前，左手在上在前（图1-94）。

手挥琵琶势

图 1-93　　　　　　　　　　图 1-94

第八十四式　按势（面朝东）

左脚尖点地，右脚微内扣（朝东）。弯腰下按，右手坐腕，左腕朝后，指尖朝上（图 1-95）。

按势

图 1-95

第八十五式　青龙出水一（面朝东）

左脚向前迈出，左手在胸前坐腕。右脚微撑，呈左弓步，右手在额头处（图 1-96）。

青龙出水

第八十六式　青龙出水二（面朝北）

左脚跟向右后转成 180°，右脚微点地后迈出。左手在额前，右手平推出（图 1-97）。

图 1-96　　　　　　　　图 1-97

第八十七式　三甬背一（面朝西南）

右脚跟稍内扣，左脚尖点地后向左 45° 迈出，右脚微后撑。两手由下朝上画弧线推出，坐腕与胸同高，左手略高（图 1-98）。

三甬背一

第八十八式　三甬背二（面朝西北）

动作相同，方向相反（图 1-99）

三甬背二

图 1-98　　　　　　　　图 1-99

第八十九式　单鞭（面朝东）

单鞭

右脚内扣45°，左右手掌相托，竖掌。左脚随右脚移动，脚尖点地（面朝东）。左脚向前迈出，右脚微后蹬成左弓步。左手向左前方伸出，同时，右手向右后撑出（图1-100）。

图1-100

第九十式　云手一（面朝南）

云手一

左脚向右脚靠拢后向左迈横步，左脚尖向左45°，右脚微蹬。左手先随右脚收回于腹前，手心朝上。右脚随左脚向左迈横步。左手变在上，掌心朝下；右手变在下，掌心朝上（见图1-40~图1-45）。

第九十一式　云手二（面朝西）

云手二

左脚跟内扣，右脚尖点地后撤步。右手由下往上竖掌，左手在下，两手有对应之意，上下翻飞，腰带四肢（同图1-46）。

第九十二式　云手三

云手三

左脚向右脚靠拢后向左迈横步，左脚尖向左45°，右脚微撑。左手先随右脚收回于腹前，手心朝上。右脚随左脚向左迈横步，左手变在上，掌心朝下；右手变在下，掌心朝上（同图1-40~图1-45）。

第九十三式　单鞭（面朝东）

右脚内扣 45°，左右手掌相托，竖掌。左脚随右脚移动，脚尖点地（面朝东）。左脚向前迈出，右脚微后蹬成左弓步。左手向左前方伸出，同时，右手向右后撑出（图 1-101）。

单鞭

第九十四式　右高探马（面朝东南）

右脚向右 45° 迈出，左脚微撑，呈右弓步。左手在上，掌心朝下，右手在下，掌心朝上（图 1-102）。

右高探马

图 1-101　　　　　　　　图 1-102

第九十五式　对心掌（面朝东）

右脚向内扣（方向正东），左脚跟着地，右腿微屈。两掌上划交于胸前，右臂朝左，左掌朝右（图 1-103）。

对心掌

第九十六式　单摆莲（面朝西）

身体向右后转，右脚从左向右划弧落下。左手拍右脚面，右手向下（图 1-104）。

单摆莲

图 1-103　　　　　　　　图 1-104

第九十七式　上步指裆捶（面朝西）

右脚落地，左脚向前迈步，呈左弓步。右拳由下向上挑，拳眼朝上，左手在胯旁（图 1-105）。

第九十八式　上步懒扎衣（面朝西）

右脚上步，双手在胸前，动作同右懒扎衣（图 1-106）。

上步指裆捶

上步懒扎衣

图 1-105　　　　　　　　图 1-106

第九十九式　单鞭（面朝东）

右脚内扣 45°，左右手掌相托，竖掌。左脚随右脚移动，脚尖点地（图 1-107）。

单鞭

第一百式　下势（面朝东）

右腿稍后坐。右手在耳旁，左手在膝处。右腿后坐，左膝微屈。右手在耳旁，左手在左踝处。重心移到左腿呈左弓步。左手竖掌在胸前，右手下按在胯旁（图 1-108）。

下势

图 1-107　　　　　　　　图 1-108

第一百零一式　上步七星（面朝东）

右脚上步，右脚跟点地。双手交叉在胸前，右手在下，左手在上（图 1-109）。

上步七星

第一百零二式　退步跨虎（面朝东）

右脚撤步，同时，左脚尖微点地。两手由掌握拳，右拳置于右耳处，左拳在胯处（图 1-110）。

退步跨虎

图 1-109　　　　　　　　　　图 1-110

第一百零三式　转脚摆莲（面朝东）

左脚离地后向右后转 270° 后再转 180° ，右脚尖同时转动。两手由握拳变掌，右手由下而上，左手由上而下。右脚向左向右划弧摆出，与肩同高。两手由左向右顺势拍右脚背外侧（图 1-111 ）。

转脚摆莲

第一百零四式　弯弓射虎（面朝东南）

右脚跟落地后呈 45° ，左脚微后蹬呈右弓步。身体向右，右手握拳回拉，左手掌向前推出，呈拉弓式（图 1-112 ）。

弯弓射虎

图 1-111　　　　　　　　　　图 1-112

第一百零五式　懒扎衣（面朝南）

重心移到右脚，右脚靠拢左脚后即脚尖点地。正面懒扎衣，动作过程同前右懒扎衣（图 1-113）。

懒扎衣

第一百零六式：退步双抱捶（面朝南）

左脚上前一步与右脚靠拢后，脚尖轻点地后撤。双手前冲拳后收回（图 1-114）。

退步双抱捶

　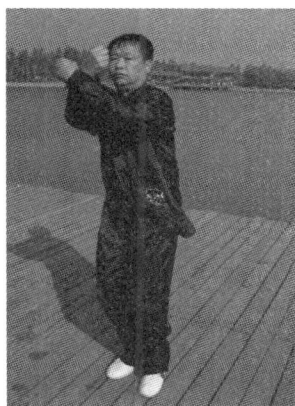

图 1-113　　　　　图 1-114

第一百零七式　十字手（面朝南）

左脚后撤一步，右脚跟上。双拳在胸前交叉后变掌，呈十字手（图 1-115）。

图 1-115

第一百零八式　合太极（面朝南）

双脚与肩同宽，膝微屈后慢慢伸直。两手十字分开后，收回胯旁，收势（图1-116）。

合太极

图1-116

演练：李志红

摄影：王全岭

完整演示
（李志红）

武式太极拳二路

预备式

第一式　上金钢

第二式　懒扎衣

第三式　单鞭

第四式　固心炮一

第五式　固心炮二

第六式　前蹚拗步

第七式　回头披身

第八式　翻身指裆

第九式　翻身舞袖

第十式　抃手

第十一式　腰拦肘

第十二式　大红拳

第十三式　玉女穿梭

第十四式　倒骑龙

第十五式　演手右边肘

第十六式　兽头势

第十七式　披架子

第十八式　伏虎式

第十九式　演手黄龙三搅水

第二十式　右冲

第二十一式　左冲

第二十二式　演手扫蹚

第二十三式　左耳红

第二十四式　演手变式

第二十五式　裹里肘

第二十六式　懒扎衣

第二十七式　单鞭

第二十八式　上步七星

第二十九式　退步跨虎

第三十式　转脚摆莲

第三十一式　弯弓射虎

第三十二式　上步双抱捶

第三十三式　退步合太极

第三十四式　收势

拳架图解

完整演示
（李志红）

预备式

面向正南，自然站立，两脚直向前方与肩同宽，全身放松，两臂自然下垂，手心向内，手指向下，两眼向前平视，神情安舒（图 2-1）。

预备式

图 2-1

第一式　上金钢

重心右移，身体缓慢下蹲，以右脚跟为支点，虚左脚，身体由左向右转体 45°，左脚向左前方 45° 迈出一步。双手掌心相对，缓缓向身体左前方提起，高不过眉（图 2-2）。

上金钢

第二式　懒扎衣

重心左移，提右脚，向身体右侧迈步，足跟先着地。左手叉腰，右手向体前自上而下缓慢画圆，向右前方 45° 分出，高不过眉，远不出足（图 2-3）。

懒扎衣

图 2-2　　　　　　　　图 2-3　　　　　　　　图 2-4

第三式　单鞭

左脚并右脚，左手并右手，双手同时合抱手胸前，两腿仍为右实左虚。向左迈左步，身体向左转，左足跟着地，足尖上翘。徐徐分开左右手，左手高不过眉，右手高不过肩。重心左移，成左弓步（图 2-4）。

单鞭

第四式　固心炮一

右脚并跟左脚（上跤步），左脚向前方迈步。左手直击敌当心，右手勾拳击敌后脑（图2-5）。

固心炮一

第五式　固心炮二

右脚向右前方45°迈出。左手向体左下方画弧，右手向敌咽喉击出。成右弓步（图2-6）。

固心炮二

图2-5　　　　　　　　　　图2-6

第六式　前蹚拗步

脚向左前方扫蹚腿（半扫蹚），并右脚，右震脚，向左前方迈左步，身体向左靠出（图2-7）。

前蹚拗步

图2-7

第七式　回头披身

重心右移，右肘向右撞出。双足发力，身体向上跃起，由右向左体转270°（图2-8），双足落地成马步（图2-9）。右手食指和中指向敌之双眼插出，左手护裆（图2-10）。

回头披身

图2-8　　　　　　　　图2-9　　　　　　　　图2-10

第八式　翻身指裆

左步向前迈出。左手向左上方撩出（图2-11）。
上右步，右拳直击对方裆部（图2-12）。

翻身指裆

图2-11　　　　　　　　图2-12

第九式　翻身舞袖

退右步，向前垫左步。双手向前推出（图 2-13）。
退左步，向前垫右步。双手向前推出（图 2-14）。

翻身舞袖

第十式　抨手

左腿向前迈出。左手随左腿向左前方穿出。上右步，转
体 180° 成马步。右拳击左掌（图 2-15）。

抨手

第十一式　腰拦肘

身体重心右移，右肘向右击出（图 2-16）。

腰拦肘

图 2-13　　　　　　　　　图 2-14

图 2-15　　　　　　　　　图 2-16

第十二式　大红拳

提右膝击敌裆部，翻右拳击敌太阳（图 2-17）。

右腿向前蹬出，双掌向前推出，成右弓步（图 2-18）。

大红拳

转体 180°，提左膝击敌裆部。翻左拳击敌太阳穴（图 2-19）。

左腿向前蹬出。双手向前推出，成左弓步（图 2-20）。

图 2-17　　　　　　　　　　图 2-18

图 2-19　　　　　　　　　　图 2-20

第十三式　玉女穿梭

起势，重心右移虚左步。右手缓缓向右上方提起，高不过顶，左手护裆（图 2-21）。

玉女穿梭

左腿向左前方 45° 迈出，脚跟先着地，足尖上翘，重心左移，成左弓步。左手由右向左移切敌脖颈，右手击敌小腹（图 2-22）。

提右腿靠左腿，成右虚步，向右前方 45° 迈出右腿，右足跟先着地，重心右移，成右弓步。右手由左向右横切敌之脖颈，左手击敌小腹（图 2-23）。

图 2-21　　　　　　　图 2-22　　　　　　　图 2-23

第十四式　倒骑龙

重心左移，双足起跳，从左向右转体 180°。右拳击敌脖颈右动脉，左手护裆（图 2-24）。

倒骑龙

第十五式　演手右边肘

上左步。左拳击敌当心，右肘后撞（图 2-25）。

演手右边肘

图 2-24 图 2-25

第十六式 兽头势

以左腿为轴，由右向左转体 180°。右手成勾拳击敌后脑，左手击敌裆部（图 2-26）。

兽头势

第十七式 披架子

重心右移，虚左腿，身体由右向左转 45°，上左步，重心左移。左右手点击敌之小腹（图 2-27）。

身体由左向右转动 180°，挤上右步。左右手点击敌之小腹（图 2-28）。

披架子

图 2-26 图 2-27 图 2-28

第十八式　伏虎式

伏虎式

左腿向右腿垫步，右腿向前蹉步，左腿跟步。右拳击敌当心，左拳击敌裆部（图 2–29）。

第十九式　演手黄龙三搅水

演手黄龙三搅水

提左腿成左虚步。双手合于胸前（图 2–30）。

上左步，左足跟先着地。双手缓慢下沉于小腹间，由小腹间向上缓慢推出，重心前移（图 2–31）。

图 2–29

图 2–30

图 2–31

第二十式　右冲

右冲

右腿向前迈步，右拳向敌腹部击出，成马步（图 2–32）。

第二十一式　左冲

左冲

左腿向前迈步，左拳向敌腹部击出（图 2–33）。

图 2-32　　　　　　　　图 2-33

第二十二式　演手扫蹚

重心右移，左腿由左向右扫蹚腿，转体 180°（图 2-34）。

演手扫蹚

第二十三式　左耳红

上左步。左手前，右手后，左手背击敌面门，成左虚步
（图 2-35）。

左耳红

图 2-34　　　　　　　　图 2-35

第二十四式　演手变式

双手由上而下化敌来劲，上左步双手向下按出，击敌小腹（图2-36）。

演手变式

双手由左向右随体转90°，右拳向前击出，左肘向后撞出（图2-37、图2-38）。

左拳向前击出，右肘向后撞出（图2-39）。

图2-36　　　　　　　　图2-37

图2-38　　　　　　　　图2-39

第二十五式　裹里肘

重心左移，虚右腿。双手交于腹前，重心下移成马步，双肘向后同时撞出（图 2-40）。

裹里肘

第二十六式　懒扎衣

右腿向右前方 45° 迈出，脚跟先着地，脚趾上翘，重心右移（图 2-41）。

懒扎衣

图 2-40

图 2-41

第二十七式　单鞭

详见第三式注解（图 2-42）。

单鞭

图 2-42

第二十八式　上步七星

左腿向前弓步，身体前移。同时，左手向上向前抬至肩平，右手下落至右胯侧，面向正东，目视前方。

上步七星

右足向前迈步至左足旁，足尖点地，两腿为左实右虚。同时，右手变拳向上划弧至胸前，左手变拳至右拳内交叉。目视前方（图2-43）。

第二十九式　退步跨虎

右腿向后退步，左腿变虚后移。右拳上撩，左拳下落，面向正东。

退步跨虎

右腿坐实，身体后移，左腿回收至身前点地。同时，两拳上下分开，右掌至头右侧上方，左掌落至左胯前侧。目视前方（图2-44）。

第三十式　转脚摆莲

以右足跟为轴，左足尖着地扫蹚腿；同时，向右转360°。左腿扫至右腿前，落实，身体右转，右腿提起，由左向右摆打，两手同时向下向右向左拍打右足面（图2-45）。

转脚摆莲

图2-43　　　　　　图2-44　　　　　　图2-45

第三十一式　弯弓射虎

右足向西南方落步，前弓右腿，面向东南。两手同时由左向下向右收至胸前。目视前方。

弯弓射虎

腰向右微转，两手变拳，由下向上至面前左右分开成拉弓状。目视东南（图2-46）。

第三十二式　上步双抱捶

左腿向东南方上步。并双拳，拳心相对，向敌之下腹部击出，成左弓步（图2-47）。

上步双抱捶

图2-46　　　　　　　　　图2-47

第三十三式　退步合太极

重心右移，提左腿靠右腿侧；重心左移，成右虚步。双拳交叉合抱于胸前（图2-48）。

退步合太极

第三十四式　收势

两手由拳变掌徐徐下按至两胯旁，身体立起，面向正南，恢复起势姿势（图2-49）。

收势

图2-48　　　　　　　图2-49

演练：李志红

第三编

技击篇

武式太极拳二路招法运用解

　　武式太极拳二路拳架及招法运用，历来很少外传，今在二路拳架基础上，摘其主要技击动作配以图片与二维码视频加以说明，更能使武术爱好者一目了然，以供大家学习研讨，图左为甲方，图右为乙方。

第一式　懒扎衣

　　预备式。甲方上右步出右掌猛击乙方脸部，乙方退左步含身形，重心后坐于左腿，右手自下而上粘住甲方肘部（图3-1）。

懒扎衣

　　乙方挤右步，右手拿甲方肩部，左手猛击甲方肋部，重心前移，乙方跌出（图3-2）。

图 3-1   图 3-2

第二式 固心炮

预备式。甲方上右步出右掌猛击对方胸部，乙方体左转，
上右步以左肘粘住甲方右臂，右手搭在甲方左肩（图 3-3）。

乙方重心前移，左拳猛击甲方咽喉，右拳猛击甲方后脑，
甲方防不胜防（图 3-4）。

固心炮

图 3-3   图 3-4

第三式　前蹚拗步

　　预备式。甲方上右步出右拳猛击乙方面门。乙方右手拿其右腕，左手粘肘向右侧牵引，同时左脚扫甲方后脚跟（图3-5）。

前蹚拗步

　　甲方松右臂，提右膝，重心后移化解乙方攻势，乙方顺势上步，前移重心，将甲方靠出（图3-6）。

图3-5　　　　　　　　　　　　图3-6

第四式　翻身舞袖

　　预备式。甲方上右步出右手猛击乙方头部，乙方退右步出右手，自下而上粘住甲方腕部（图3-7）。

翻身舞袖

图3-7

图 3-8　　　　　　　　　　　图 3-9

乙方顺甲方猛击之势将甲方搌进怀中（图 3-8）。

甲方发觉不妙急欲抽身，乙方顺势将甲方发出（图 3-9）。

第五式　腰拦肘、大红拳

大红拳

预备式。乙方上右步出右掌向甲左侧面颊打来，甲方上垫左步，出左手拿住乙方右臂（图 3-10）。

甲方上右步插入乙方裆部，右肘猛击乙方肋部（图 3-11）。

图 3-10　　　　　　　　　　　图 3-11

图 3-12

乙方抽身抽腿急欲逃脱，甲方顺势提腿撩裆，同时翻拳猛击乙太阳穴（图 3-12）。

第六式　玉女穿梭

预备式。甲方出手猛击乙面部。乙方退左步右手格挡（图 3-13）。

玉女穿梭

甲方右手拿乙方手腕，左手按肘向右下方牵引，同时顺势上步切乙方脖颈（图 3-14）。

图 3-13

图 3-14

第七式　兽头势

预备式。甲方上左步，左手击乙方前胸，乙方垫左步，左手自下而上粘拿甲左手腕（图3—15）。

兽头势

图3—15

乙方上右步，右手切按甲左肩，左手向后牵引甲之左臂，使之失重（图3—16）。

乙方乘甲方失重之际，左拳击甲方裆部，右拳击甲方后脑（图3—17）。

图3—16

图3—17

第八式　伏虎式

预备式。甲方上右步，右摆拳猛击乙方左颊，乙方左肘往后挂甲右拳，右腿前插（图3—18）。

乙方在左拳击甲当心，右拳击裆，重心前移，甲方跌出（图3—19）。

伏虎式

图 3-18   图 3-19

第九式　右冲

　　预备式。乙方上右步，右掌猛击甲面部，乙方左手从内
侧粘住甲方右臂（图 3-20）。

　　甲方上右步冲右拳击乙方小腹（图 3-21）。

右冲

图 3-20   图 3-21

第十式　左耳红

预备式。乙方上右步出右手，以手背向甲方脸部摔来，
甲方出右臂招架（图 3-22）。

左耳红

乙方左手猛按甲方右肘，使其粘不牢乙方右手，同时乙
之右手迅速翻扣甲之右脸（图 3-23）。

图 3-22　　　　　　　　　　　　图 3-23

演练：李志红、李红旗、褚福星

注解：李红旗

摄影：吴书平、黄鹤

武式太极拳推手

武式太极拳推手，分为四正推手和四隅推手。四正推手使用掤、捋、挤、按手法进行训练。四正推手又分为定步推手和活步推手。四隅推手则是运用采、挒、肘、靠手法训练的，所打方向是四角。下面仅介绍四正推手和一步一换手。

一、四正定步推手

四正定步推手

武式有"老三着"定步推手，武禹襄大哥武秋瀛拳论中说，初学打手，先学搂按肘。此用搂（即捋），彼用肘（即挤）；此用按，彼用搂；此用肘，彼用按。二人手不离肘，肘不离手，互相粘连，来往循环，周而复始，谓之"老三着"。

1. 预备式

做定步推手时，二人首先对面站立，相距两步远，此时必须内固精神，外示安逸，思想集中，身体中正安舒，呼吸深细匀长，气势收敛含蓄，两眼平视（图4-1）。

2. **搭手**

接上式，双方各进一步，面部随身体略向侧转，所进之步可为右脚，也可为左脚，同时，伸出一手与对方之手相搭。此时进右步出右手，进左步出左手。搭手时，腕背相接取粘字，臂略屈成弧形，含有掤劲。为说明方便，设图中白色服装一方为甲，黑色服装一方为乙，而双方都进右步出右手（图4-2）。

图4-1   图4-2

3. **掤劲**

接上式，甲乙双方左手以手心粘接对方肘尖，全身重量落于两腿之间，肘腕相接，各含掤劲（图4-3）。

4. **捋（即将）劲**

乙右手承甲右手之掤劲，将右臂后引，右手翻转以手掌贴于乙右手腕处；同时，左手抚于右肘。顺甲之来势，屈左腿收胯，转腰（向右）。两手引甲右臂，成为向右的捋式动作（图4-4）。

图 4-3 图 4-4

5. 肘劲（即挤劲）

甲方顺势向前以肘劲平挤乙之前胸，同时松前胯，向左向下化开乙方往甲方肘上之按劲；左手接乙方之左手向左侧捋，右手按乙方左肘。

乙方右手粘甲之左肘（图 4-4）。

6. 按劲

乙方顺势向前以肘劲平挤甲之前胸，同时松前胯，向右向下化开甲方往己肘之按劲；右手接甲方之右手向右下侧捋，左手按甲方右肘。

甲方左手粘乙之右肘（图 4-5）。

甲用按，乙用捋；乙用捋，甲用肘；甲用肘，乙用按。如此周而复始，运转不已。如变换步法，则按式一方进步，被按一方撤步。

图 4-5

二、四正活步推手

1. 预备式（图 4-1）。

四正活步推手

2. 乙方出右手粘搭甲右手腕，上右步。甲方上左步出右手搭乙右手腕，左手心按乙右肘（图 4-6）。

3. 甲方先上右步，后上左步，向右下捋按乙之右手肘。

乙方先退右步，后退左步，松胯松肩，左手腕接过甲方按肘之左手，右手按甲之左肘。

图 4-6

甲方右手速粘乙方之左肘，前腿在乙前腿内侧（图 4-7）。

4. 乙方先上左步后上右步，向左下捋按甲之左手肘。

甲方先退左步后退右步，松胯松肩，右手腕接过乙方按肘之右手，左手按乙之右肘。

乙方左手速粘甲之右肘，前腿在甲方前腿内侧（图 4-8）。

图 4-7

图 4-8

5. 换步换手。甲方上右步，以右手掤挤乙方前胸，乙方退右步捋按甲方右臂，甲方前腿在乙方前腿内侧。

这样双方再往下训练，即由甲方左侧左臂训练，变成甲方右侧右臂为主训练（图4-9）。

6. 乙方先上右步后上左步，向右下捋按甲右手臂。

甲方先退右步后退左步，松胯松肩，左手腕接过乙方按肘之左手，右手按乙之左肘。

乙方右手速粘甲方之左肘，前腿在甲方前腿内（图4-10）。

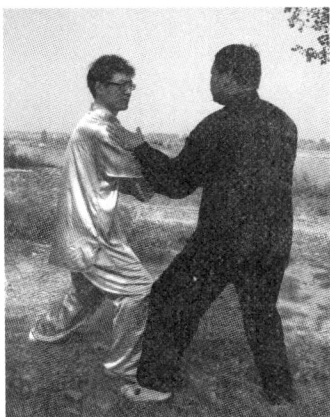

图4-9　　　　　　　图4-10

7. 甲方先上左步后上右步，向左下捋按乙之左手臂。

乙方先退左步后退右步，松胯松肩，右手腕接过甲方按肘之右手，左手按乙之右肘。

甲方左手速粘乙方之右肘，前腿在乙方前腿内侧（图4-11）。

如此往复循环训练。

图4-11

三、一步一换手

一步一换手

1. 乙方退右步，向右下搌按甲方右臂。甲方上右步，顺势以肘肩向乙方中线挤靠（图4-12）。

2. 甲方退右步，向右下搌按乙方右臂。乙方上右步，顺势以肘肩向甲方中线挤靠（图4-13）。

3. 图4-14为换步换手，同上，不再复述。

图4-12

图4-13

图4-14

演练：李志红、李红旗、王庆

武式太极拳摔打拿

摔法运用　　拿法运用

图 5-1　捌肩摔

图 5-2　捌腿摔

图 5-3　搬拦锤

图 5-4　侧身靠

图 5-5　侧身摔

图 5-6　固心炮（一）

图 5-7　固心炮（二）

图 5-8　管腿摔

图 5-9　懒扎衣（一）

图 5-10　懒扎衣（二）

图 5-11　前蹚拗步

图 5-12　如封似闭

图 5-13　外摆莲

图 5-14　下拉摔

图 5-15 野马分鬃

图 5-16 右冲（一）

图 5-17 右冲（二）

图 5-18 指裆锤（一）

图 5-19 指裆锤（二）

图 5-20 肘靠

图 5-21 左耳红（一）

图 5-22 左耳红（二）

演练：李志红　王庆

第四编

器械篇

廉让堂太极刀（陇西氏太极刀）

歌曰：

如虎如涛，

震撼山岳，

四势娴熟，

肘弯缠绕，

阴阳契合，

胆壮气豪，

空而不空，

制胜根苗。

　　永年古城有俗语叫"杨家杆子李家刀"，意思是说杨班侯的白蜡杆子、李亦畬的太极刀，都是在咸同年间称雄于世的技艺。

　　廉让堂刀法简洁明快，优雅美观，具有很高的实用及观赏价值。今向读者推出的传统刀法，是一种易学易记，既能集体表演，又能单练的功夫形式。

套路名称

预备式	第十三式　托梁换柱
起式	第十四式　搂膝拗步
第一式　投石问路	第十五式　虎项系铃
第二式　陈涉揭竿	第十六式　撩叶觅桃
第三式　渭滨垂钓	第十七式　长虹横空
第四式　单鞭	第十八式　白猿献果
第五式　怪蟒出洞	第十九式　绕树寻枝
第六式　回头望月	第二十式　梨花弄风
第七式　陇西四势	第二十一式　懒扎衣
第八式　问津指迷	第二十二式　白蛇吐信
第九式　锦鸡点头	第二十三式　金风扫叶
第十式　野渡舟横	第二十四式　花落水红
第十一式　龙腾虎跃	第二十五式　斩断孽根
第十二式　左遮右拦	第二十六式　皈依成佛

动作图解

预备式

　　面向正南，两脚分开，与肩同宽。两臂自然下垂，左手食指、中指、无名指和小指托刀护手，刀背靠在左前肩，刀刃向前。涵胸拔背，气沉丹田，两眼平视前方（图6-1）。

预备式

图6-1

起式

右脚向正南迈出成右弓步，面向东方。左手抱刀护裆，右掌于胸前作揖。两脚尖指向东南方（图6-2）。

起式

第一式　投石问路

右手向后、向下、向前绕刀把一周，然后接刀，两脚以脚后跟为轴，脚尖向东北方向转出，同时，右手刀向东南方向自上而下劈出，成左弓步，左掌护胸，面向东南。左腿向西南方退步，刀向东北方向自上而下劈出，成右弓步，面向东北，左掌于身后亮式（图6-3）。

投石问路

图6-2　　　　　　　　　　　　图6-3

第二式　陈涉揭竿

以右脚跟为轴，身体向东转动，左脚虚步与右脚站齐，身体下蹲。刀尖上挑，左掌护胸。目视前方（图6-4）。

陈涉揭竿

第三式　渭滨垂钓

左腿向正东迈出成左弓步。右手刀自上而下刺出，刀刃向外，左掌于头上亮式。目视刀尖（图6-5）。

渭滨垂钓

图 6-4　　　　　　　　图 6-5

第四式　单鞭

右腿向正东迈出成右弓步。右手刀向外水平推出，刀刃向外，高与颈齐，左手于身后亮式（图6-6）。

单鞭

第五式　怪蟒出洞

左膝提起成独立步。左掌自刀后自下而上穿出，高与眉齐。两眼目视前方，刀位置不变（图6-7）。

怪蟒出洞

图 6-6　　　　　　　　图 6-7

第六式　回头望月

左脚放下，右脚向前上半步；同时，以右脚跟为轴，从右向左身体转动180°，面向正西。右手刀随即向西劈出，步法为右实左虚，左手护胸（图6-8）。

回头望月

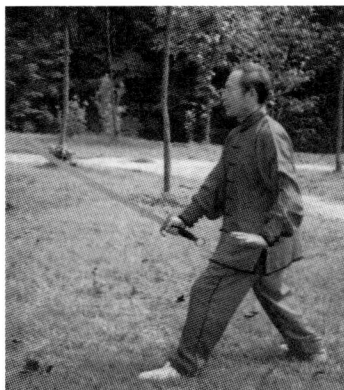

图6-8

第七式　陇西四势

外剪腕。左脚后退半步，身体略向左转避开敌下劈之刀（假设）。同时，用刀尖速击敌之手腕内侧（图6-9）。

陇西四势

刺肋：挤右步成右弓步，刀向前平刺（图6-10）。

剁腕：向西上左步，蹲身成马步。左手扶右手腕，持竖刀向西北方向推出（图6-11）。

撩腕：提右膝成左独立步。左手扶右手腕，刀刃向上撩出，高过头顶，面向西北（图6-12）。

削腿：姿势不变，翻右腕刀向右下方削出，左掌于头上方亮式（图6-13）。

图6-9

图6-10

图 6–11

图 6–12

图 6–13

第八式　问津指迷

　　右腿落地成虚步。刀平端胸前，刀刃向左。以左脚跟为轴自右向左平扫一周 360°，面向正西，上右步成右弓步。刀平刺而出，左掌护胸（图 6–14）。

问津指迷

图 6-14

第九式　锦鸡点头

上左步，刀头向右侧点出；上右步，刀头向左侧点出，左掌护胸。左右各二式，共四式。注意运用腕力（图 6-15）。

图 6-15

第十式　野渡舟横

右腿后跨一大步成右弓步。右手持刀平端于头部右外侧亮式，左手护胸，面向西北（图 6-16、图 6-17）。

野渡舟横

第四编　器械篇　　229

图 6-16　　　　　　　　图 6-17

第十一式　龙腾虎跃

上右步发力起跳。右手刀藏于左腋下。右旋风脚起跳旋
转 180° 落地，面向正东（图 6-18~图 6-20）。

龙腾虎跃

图 6-18

图 6-19　　　　　　　　图 6-20

第十二式　左遮右拦

退左步，向左下方削一刀；退右步，向右下方削一刀。目随刀走（图6-21、图6-22）。

左遮右拦

第十三式　托梁换柱

向正东上右步成右弓步。右手掌心向里托刀于面前，刀刃向上，左掌护胸，面向正东（图6-23）。

托梁换柱

第十四式　搂膝拗步

上左步成左弓步。左手于胸前向下往左分，右手持刀于胸前画弧向右下削，面向正东（图6-24）。

搂膝拗步

图6-21　　　　　　　　　图6-22

图6-23　　　　　　　　　图6-24

第十五式　虎项系铃

向东上右步。左手于面前自左向右画圆弧圈。上左步成左弓步。右手持刀横于头左侧，刀刃向上，刀尖向西。目视刀尖，左手亮式（图6-25）。

虎项系铃

第十六式　撩叶觅桃

上左步，刀从左下侧向上撩出，刀刃向上。

上右步，刀从右下侧向上撩出，面向正西（图6-26、图6-27）。左右各二式，共四式，不再复述。

撩叶觅桃

图6-25

图6-26

图6-27

第十七式　长虹横空

提左膝成独立步，面向正南。刀与肩平向正面刺出，左掌与肩平向正东穿出（图6-28）。

长虹横空

第十八式　白猿献果

以右脚跟为轴，身体右转90°，面向正西。刀横于面前，刀刃向西，左掌从下向上从刀内侧穿出，高不过眉。仍成独立步不变（图6-29）。

白猿献果

图6-28

图6-29

第十九式　绕树寻枝

左脚落下成虚步，以后同第六式回头望月，面向正东，不再复述。

左脚向西北方向跨一大步成左弓步，右手持刀从下向西北方向刺出。

左脚收于右脚前成虚步。刀收于左肩外侧，刀背贴身，刀刃向外。目视刀刃，身体半蹲（图6-30）。

右腿向东北迈一小步，同时以右脚跟为轴从右向左旋转180°。面向西南劈刀，左虚步右实步，如回头望月状（图6-31）。

同上动作，向东北和正东方向各做一遍，直到回头望月面向正东。

绕树寻枝

图 6-30　　　　　　　　　　图 6-31

第二十式　梨花弄风

向正东上左步。左手掌心向上然后向右平扫，右手持刀在左掌下，刀刃向左，然后向左平扫，双手交叉于胸前（图6-32）。

梨花弄风

向正东方上右步。左掌心翻转向下，从右向左平扫，右手翻刀刃从左向右平扫（图6-33）。

以上左右各二式，共四式。

图 6-32　　　　　　　　　　图 6-33

第二十一式　懒扎衣

左腿向正东迈出一步，左脚尖朝南，右脚朝西南。刀向右上方正西刺出。提左膝，左掌过头顶亮式。目视刀尖（图6-34）。

懒扎衣

第二十二式：白蛇吐信

左膝落地，重心左移，虚右腿，将刀收于身前。上右步成右弓步。刀向右下方刺出，面向正西。目视刀尖（图6-35）。

白蛇吐信

图6-34

图6-35

第二十三式　金风扫叶

重心后移左腿，以左脚跟为轴旋转。右手平端于胸前，刀尖向前，刀刃向左，由右向左平扫一周。面向正西成马步（图6-36）。

金风扫叶

第二十四式　花落水红

右手持刀，左手扶右腕，由上向下劈去（图6-37）。

花落水红

图 6-36　　　　　　　　　　　　图 6-37

第二十五式　斩断孽根

右腿向左腿后侧穿出成歇步。右手持刀向左下方削出，左手于头顶亮式，面向正南（图 6-38）。

斩断孽根

第二十六式　皈依成佛

左腿向东迈步，与肩同宽，两脚尖向正南，面向正南。右手交刀于左手，成预备式状（图 6-39）。

皈依成佛

图 6-38　　　　　　　　　　　　图 6-39

演练：李光藩

廉让堂太极剑

歌曰：

青锋无法实有法，
传来真法何用多，
切记三法浑一体，
攻守肘腕是要诀。

套路名称

预备式

第一式　登门拜友

第二式　拨云摘星

第三式　打草惊蛇

第四式　指东画西

第五式　陇西四势

第六式　负荆请罪

第七式　倒撵猴

第八式　雄鹰捕兔

第九式　专诸刺僚

第十式　陈仓飞渡

第十一式　撩袍端带

第十二式　怀中抱笏

第十三式　野马分鬃

第十四式　惊涛骇浪

第十五式　玉女穿梭

第十六式　青龙出水

第十七式　如封似闭

第十八式　燕归巢

第十九式　鸡鸣起舞

第二十式　启炉丹成

第二十一式　大道浑一

第二十二式　道心如炽

动作图解

预备式

　　面向正南，两脚分开与肩同宽，两脚尖向正南方。两臂自然下垂，左手中指、无名指、小指与拇指反托剑的护手，食指按剑柄，剑身平贴在左臂后侧，剑尖向上。涵胸拔背，气沉丹田，两眼平视前方（图7-1）。

预备式

图 7-1

第一式　登门拜友

向南上右步成右弓步，身体左转向正东。右手成剑指于胸前向南推出，左手持剑（剑柄向右下斜）护裆（图 7-2）。

登门拜友

图 7-2

上左步靠近右腿成左虚步，以右脚跟为轴从右向左旋转 90°。同时，左手剑柄缓缓提起，与肩同高，剑尖向下，剑柄向上；右手剑指搭在左手腕上，随身体一起转动，面向正东（图 7-3）。

图 7-3

第二式　拨云摘星

左膝缓缓提起。右手接剑，手心向下；左手心亦向下握成剑指，剑指与剑同时从胸前方向左右打开约 90°（图 7-4 ）。

拨云摘星

图 7-4

左脚向前轻轻撩出。反手将剑平扫回胸正前方，同进左手剑指，反手内合与右腕交叉，剑尖略比肩高，面向正东（图 7-5 ）。

图 7-5

第三式　打草惊蛇

左腿撤步成左弓步。剑随左膝向下向西穿出，左手剑指随剑而动，面向西北（图7-6）。

打草惊蛇

图 7-6

重心右移，右脚尖转向正东成右弓步，左脚尖转向东北。同时，右手剑勾挂向上画弧，然后向正东点下，剑指亮于左额头上方，面向正东（图7-7）。

图 7-7

第四式　指东画西

左腿向右腿后插，身体向东南下蹲成歇步状。揽剑向东
刺出，剑尖高于头顶，剑指手心向下置于右胸（图7-8）。

指东画西

图 7-8

重心上移，向正西方右腿成右弓步。剑收于腰际向西平刺而出，高
与胸齐；剑指于右胸向下左上划弧，亮于左额头上方，面向正西（图
7-9）。

图 7-9

第五式 陇西四势

里剪腕：重心后移，剑尖下点，剑指护胸，护腕，剑尖切敌腕。

刺胸：重心前移成右弓步。右手剑向前平刺，高与胸齐，剑指亮于左额头上方（图7-10）。

陇西四势

图 7-10

剿腕：上左步重心下移成马步。剑于身前竖起，剑尖朝上，剑刃向外；剑指搭在右腕上，随重心向西北方向推出，面向西北（图7-11）。

图 7-11

撩腕：右膝提起。剑自下而上撩出，高于头顶，剑指搭于右腕，面向正西（图7-12）。

图7-12

削腿：剑于身前划弧，向右下方削出，剑指亮于左额头上方，面向东南（图7-13）。

图7-13

第六式　负荆请罪

右腿落下，右脚尖点地，以左脚跟为轴，自右向左旋转270°，剑尖朝上随右腿转动，剑指护胸。

负荆请罪

重心右移，身体转向正面，重心后坐于右腿，虚左腿。剑向正西，自下而上挑出，剑指搭于右腕，上身微前倾（图7-14）。

图7-14

第七式　倒撵猴

以右脚跟为轴自右向左转动，退左步。剑刃竖起，随剑指（侧立，手心向南）从下向上由身体左侧向正东穿出。目视剑尖，面向正南（图7-15）。

倒撵猴

图7-15

以左脚跟为轴从左向右转动，退右步。剑身朝上，随剑指（手心向下）从下向上，由身体右侧向正东穿出。目视剑尖，面向正北（图7-16）。

如上左右再做一遍，共四式，不再复述。

图 7-16

第八式　雄鹰捕兔

提左膝。剑朝正西，从头顶向身体左侧后穿，剑指护胸。向正西落左腿成左弓步，脚尖摆向正南，上身扭转向南（图7-17）。

雄鹰捕兔

图 7-17

第九式　专诸刺僚

右脚向西上步，两脚间距与肩同宽。右手翻腕，剑身向上，剑尖从左侧向右（正西）刺出，与肩同高，同时剑指朝上向东伸出。左膝提起，身向正南，目视正前方（图7-18）。

专诸刺僚

图 7-18

第十式　陈仓飞渡

左腿经右腿前向西迈出与右腿交叉。剑与剑指在胸前交叉画圆。

向西上右步成右弓步。剑向正西劈出，剑指亮于左额头上方，面向正西（图7-19）。

陈仓飞渡

图 7-19

第十一式　撩袍端带

右腿向东于左腿前交叉。剑从西向东从上至下于身前画
弧，剑指从东向西从上至下于胸前向左上穿出，面向正南。

向正东迈左步，身向正南成马步。剑横于胸前，剑身略
撩袍端带
比肩高，剑指护胸（图7-20）。

图 7-20

第十二式　怀中抱笏

以左脚为轴，身体向正东转成马步。剑尖朝上，剑刃朝
前，竖于身前，剑指搭于右腕（图7-21）。　　　　　怀中抱笏

图 7-21

第十三式 野马分鬃

撤右步，以右脚跟为轴，身体转向西北，重心落于右腿，上左步成左虚步。阴手剑随身体向右后扫带，略高于肩，剑指手心向上护胸（图7-22）。

野马分鬃

图7-22

向正西上左步踏实，上右步成右虚步。阳手剑从右向左扫带45°，略高于肩，剑指手心向下护胸（图7-23）。

同上左右各做一次，共四式，不再复述。

图7-23

第十四式　惊涛骇浪

左步后撤，身体下落成右仆步。剑随身体下落，剑柄落于胸前，剑尖向西南，剑指手心向下护胸。目视剑尖（图7-24）。

惊涛骇浪

图 7-24

重心前移于右腿，左腿用力提起，成右独立步。剑身朝上，剑尖向西南刺出，略高于眼，剑指亮于左额头上方（图7-25）。

图 7-25

第十五式　玉女穿梭

向东北撤左步，以右脚跟为轴向东北方向转身，左腿迈向东北方向成左弓步。剑从西南由上至下劈向东北方向，剑指从右下向左上划弧，面向东北（图7-26）。

玉女穿梭

图 7-26

向东北方向上右腿成右弓步。剑平收回腰际再向前平刺而出，与胸同高，剑指亮于左额头上方（图7-27）。

图 7-27

以右脚跟为轴，身体从左向右转向东南，重心移于右腿，右膝屈，左脚尖点地立于右脚踝内侧。横立剑架于头上方（随即下移），剑尖向东北，剑指手心向右立于胸前（图7-28）。

图7-28

以右脚跟为轴，从右向左转向西北，成左虚右实步。剑置于右胸前，剑尖指向西北，剑指护胸。

向西北方向上右步成右弓步，剑向前平刺，高与胸齐，剑指亮于左额头上方（图7-29）。

图7-29

以右脚跟为轴，从左向东南方向转身，左腿迈向东南方向成左弓步。剑从西北由上至下劈向东南方。随即收左腿，剑指护胸（图7-30）。

向东南方向上右步成右弓步，剑向前平刺而出，与胸同高，同时剑指亮于左额头上方（同图7-28，方向相反）。

图7-30

第十六式　青龙出水

以右脚跟为轴，身体由左向西北旋转，重心移右腿成右实左虚步，紧接着换为左弓步。剑尖从头顶由东南调向正西斜下反刺（手心向北），剑指手心向下随剑斜下伸出，面向正西，目视剑尖（图7-31）。

青龙出水

图7-31

　　重心移于左腿，成左实右虚步，身体从左向右转向东北，面向正东。剑与剑指同时翻腕，剑尖斜刺向东方。目视剑尖，剑指亮于左额头上方（图7-32）。

图7-32

第十七式　如封似闭

如封似闭

　　以左脚跟为轴，身体转向正东，上右腿成右弓步。剑收于腰间向正东平刺出，剑指亮于左额头上方（图7-33）。

图7-33

第十八式　燕归巢

燕归巢

左腿向前迈出，重心落于右腿成左虚步。同时剑在头顶沿东南西北方向划一个圆，再架剑向东，剑指向上与眼同高。重心移向左腿，右腿振脚，左脚向前垫步，右脚向正东上步成右弓步。剑从头顶向前平刺而出，剑指亮于左额头上方（图7-34）。

图7-34

第十九式　鸡鸣起舞

鸡鸣起舞

上左腿，脚尖点地立于右脚内踝处。剑架于头顶，剑尖向北，剑柄向南，剑指于胸前向上与剑身齐。目视剑指（图7-35）。

撤右腿，从右向左转身180°，面向正西，上右步成右弓步。然后重做一遍，不再复述。

图7-35

第二十式　启炉丹成

撤左步，以右脚跟为轴，身体转向正南，重心下移成马步。同时，剑指立于胸前，剑身与人面相照，剑指搭于右腕（图 7-36）。

启炉丹成

图 7-36

第二十一式　大道浑一

右腿经左腿前向东迈出虚点地，面向东南。剑从身前画弧，向右下方削出，剑指从胸前向左上穿出（图 7-37）。

大道浑一

图 7-37

第二十二式　道心如烬

左腿向东横跨一步，面向正南，两膝微屈。剑由右下向左上斜削交于左手，右手为剑指。向北退右步。左手持剑与右手剑指同时在身体两侧由下向身后划立圆后收于身体两侧，剑身贴于左臂后。退左步与右脚齐，足距与肩同宽。目视前方（图7-38、图7-39）。

道心如烬

图 7-38

图 7-39

演练：包惠平

廉让堂太极四刀法

　　四刀法为李亦畬宗师首创，李氏门人世代相传之绝技，极少对外传授。其刀法，刀刀制人，用法绝妙，无一虚招。

动作图解

一、里剪腕（刺胸）

双方持刀对立，乙方（白衣）进右步，右手举刀劈向甲方（黑衣）头部。甲方侧身左转，右手持刀向乙方右手腕部剪去（图8-1）。

乙方向后撤右腿，撤刀化解来刀。甲方趁势进步，举刀刺向乙方胸口（图8-2）。

图8-1

图 8-2

二、外剪腕（刺背）

乙方侧身左转，右手持刀外剪甲方持刀之手腕（图 8-3）。

甲方右步左移，撤刀避让。乙方趁势进右步，持刀向甲方肩部刺去（图 8-4）。

图 8-3

图 8-4

三、挫腕（刃项）

甲方转身进左步，右手立刀向乙方右腕挫去（图8-5）。

乙方身体后移，撤刀化解对方来刀。甲方趁势进右步，横刀刃向乙方颈部（图8-6）。

图8-5

图8-6

四、撩腕（削腿）

乙方弓右步，由下向上托刀撩向甲方持刀之手腕（图8-7）。

甲方后坐，向右上方撤刀化解乙方来刀。乙方顺势旋腕转刀，向下削下甲方右腿。甲方急收右腿，也同时削向乙方之腿（图8-8）。

图 8-7

图 8-8

演练：李志红   王庆

四杆对练

一、平刺心窝

双方对立，乙方（白衣）握杆向前刺向甲方（黑衣）心窝（图9-1）。

甲方握杆粘住乙方来杆，向右转腰，拨开乙方来杆（图9-2）。

图9-1

图 9-2

二、下刺脚面

乙方顺势向下刺向甲方前腿脚面（图 9-3）。

甲方退左步，粘乙杆向下拨（图 9-2）。

图 9-3

图 9-4

三、斜刺膀尖

甲方退步，随乙杆上行，拨开乙杆（图9-5）。

图9-5

乙方握杆向上，进步刺向甲方膀尖（图9-6）。

图9-6

四、上刺咽喉

甲方撤步向右转腰，用杆拨开乙杆（图9-7）。

图9-7

乙方跟步向前，握杆刺向甲方咽喉（图9-8）。

图9-8

演练：李志红　王庆

附录

武式太极拳传递表（一）

（李光藩先生提供）

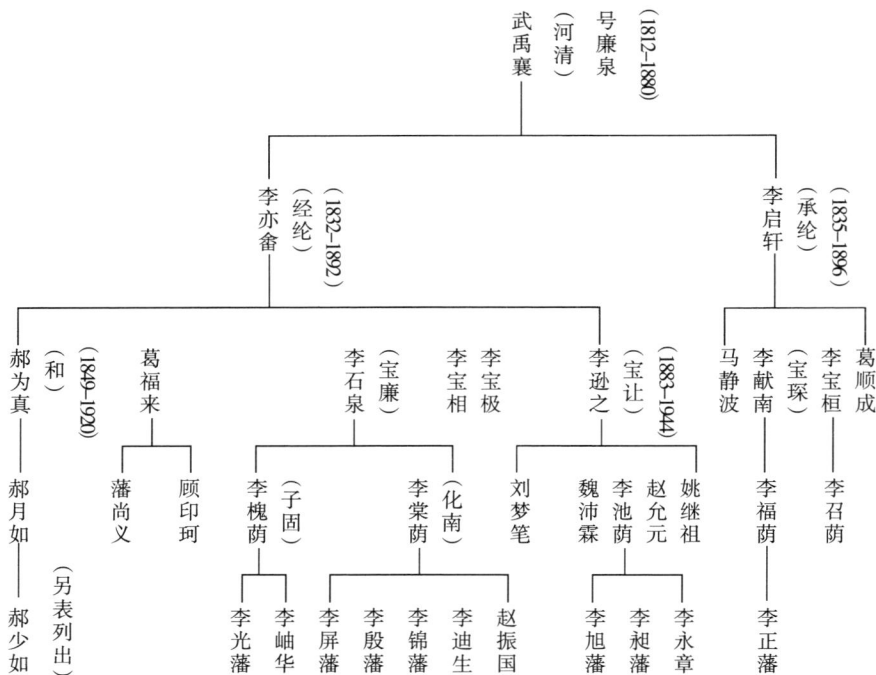

武禹襄（河清）号廉泉（1812-1880）

李亦畬（经纶）（1832-1892）　　　李启轩（承纶）（1835-1896）

郝为真（和）（1849-1920）　葛福来　李石泉　李宝廉（宝廉）　李宝极　李逊之（宝让）（1883-1944）　马静波　李献南（宝琛）　李宝桓　葛顺成

郝月如　藩尚义　顾印珂　李槐荫　（子固）　李棠荫（化南）　刘梦笔　魏沛霖　李池荫　赵允元　姚继祖　李福荫　李召荫

郝少如　（另表列出）　李光藩　李岫华　李屏藩　李殷藩　李锦藩　李迪生　赵振国　李旭藩　李昶藩　李永章　李正藩

武式太极拳传递表（二）

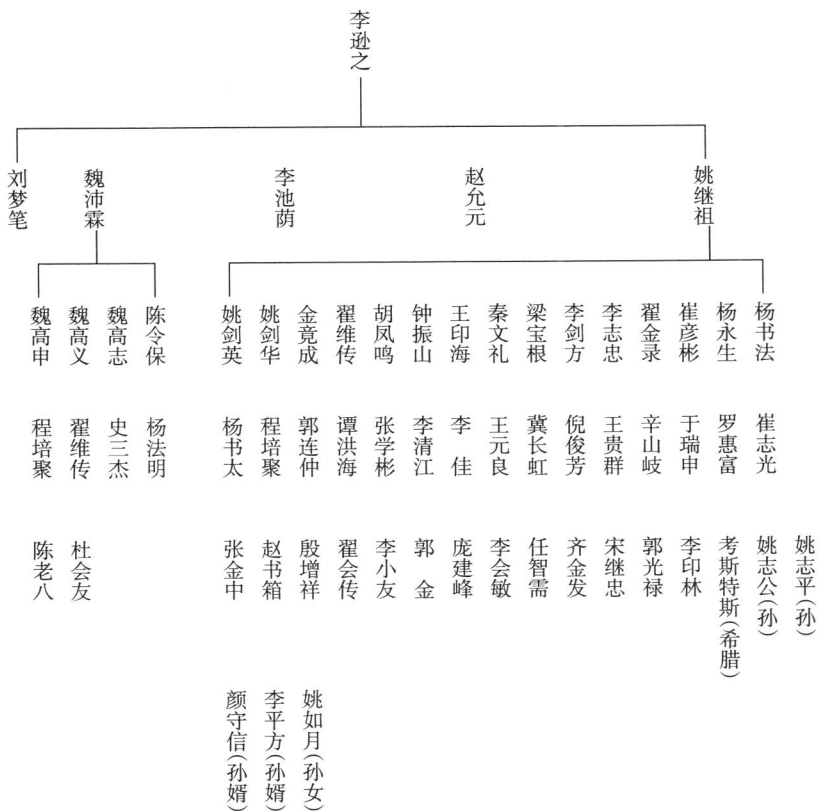

李逊之

刘梦笔

魏沛霖
- 魏高申 — 程培聚 — 陈老八
- 魏高义 — 翟维传 — 杜会友
- 魏高志 — 史三杰
- 陈令保 — 杨法明

李池荫
- 姚剑英 — 杨书太 — 张金中
- 姚剑华 — 程培聚 — 赵书箱
- 金竟成 — 郭连仲 — 殷增祥 — 颜守信（孙婿）
- 翟维传 — 谭洪海 — 翟会传 — 李平方（孙婿）
- 胡凤鸣 — 张学彬 — 李小友 — 姚如月（孙女）
- 钟振山 — 李清江 — 郭金
- 王印海 — 李佳 — 庞建峰

赵允元
- 秦文礼 — 王元良 — 李会敏
- 梁宝根 — 冀长虹 — 任智需
- 李剑方 — 倪俊芳 — 齐金发
- 李志忠 — 王贵群 — 宋继忠

姚继祖
- 翟金录 — 辛山岐 — 郭光禄
- 崔彦彬 — 于瑞申 — 李印林
- 杨永生 — 罗惠富 — 考斯特斯（希腊）
- 杨书法 — 崔志光 — 姚志公（孙）
- 崔志光
- 姚志平（孙）

武式太极拳传递表（三）

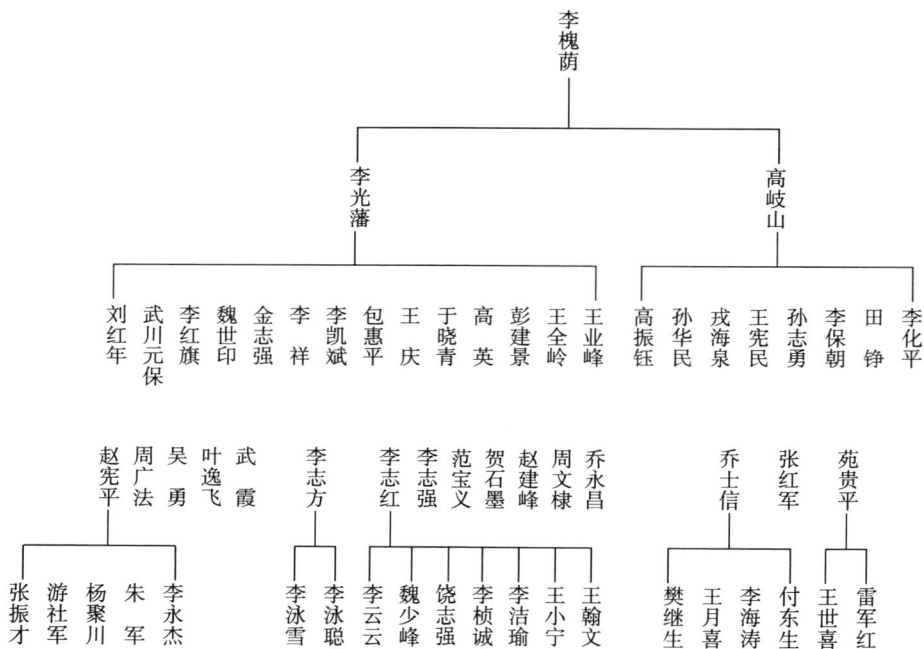

李槐荫
├── 李光藩
│　　├── 刘红年
│　　├── 武川元保
│　　├── 李红旗
│　　├── 魏世印
│　　├── 金志强
│　　├── 李祥
│　　├── 李凯斌
│　　├── 包惠平
│　　├── 王庆
│　　├── 于晓青
│　　├── 高英
│　　├── 彭建景
│　　├── 王全岭
│　　└── 王业峰
└── 高岐山
　　　├── 高振钰
　　　├── 孙华民
　　　├── 戎海泉
　　　├── 王宪民
　　　├── 孙志勇
　　　├── 李保朝
　　　├── 田铮
　　　└── 李化平

赵宪平
├── 张振才
├── 游社军
├── 杨聚川
├── 朱军
└── 李永杰

周广法
吴勇
叶逸飞
武霞

李志方
├── 李泳雪
└── 李泳聪

李志红 —— 李云云
李志强 —— 魏少峰
范宝义 —— 饶志强
贺石墨 —— 李桢诚
赵建峰 —— 李洁瑜
周文棣 —— 王小宁
乔永昌 —— 王翰文

乔士信 —— 樊继生
张红军
├── 王月喜
├── 李海涛
└── 付东生

苑贵平
├── 王世喜
└── 雷军红

武式太极拳传递表（四）

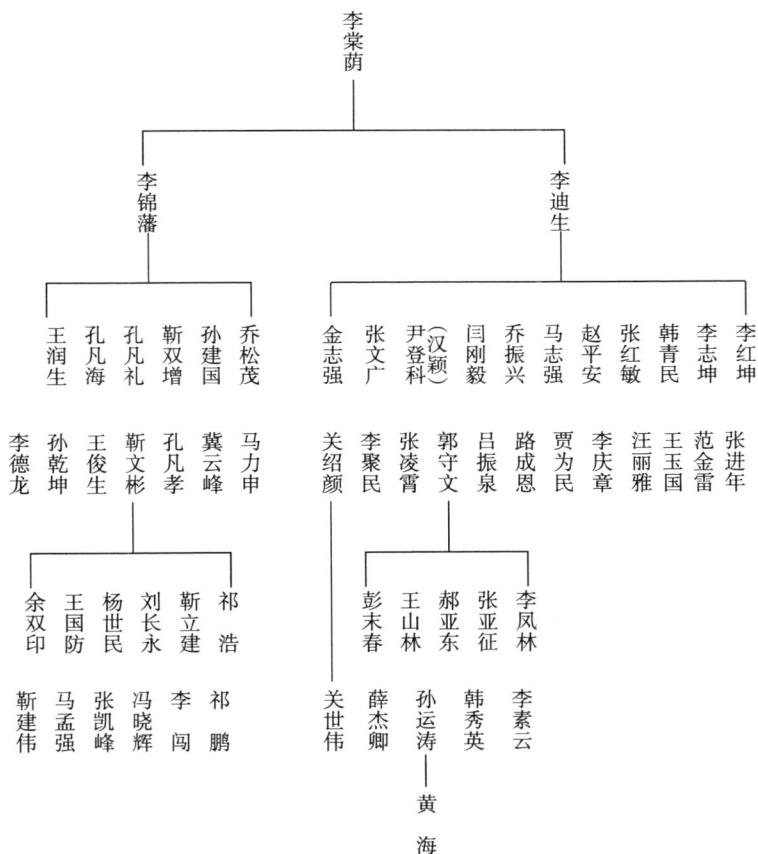

李棠荫

- **李锦藩**
  - 乔松茂 — 马力申
  - 孙建国 — 冀云峰
  - 靳双增 — 孔凡孝
  - 孔凡礼 — 靳文彬
    - 祁浩 — 祁鹏
    - 靳立建 — 李闯
    - 刘长永 — 冯晓辉
    - 杨世民 — 张凯峰
    - 王国防 — 马孟强
    - 余双印 — 靳建伟
  - 孔凡海 — 王俊生
  - 王润生 — 孙乾坤、李德龙

- **李迪生**
  - 金志强 — 关绍颜 — 关世伟
  - 张文广 — 李聚民 — 彭末春
  - 尹登科（汉颖） — 张凌霄 — 李凤林 — 李素云
  - 闫刚毅 — 郭守文 — 张亚征 — 韩秀英
  - 乔振兴 — 吕振泉 — 郝亚东 — 孙运涛 — 黄海
  - 马志强 — 路成恩 — 王山林 — 薛杰卿
  - 赵平安 — 贾为民
  - 张红敏 — 李庆章
  - 汪丽雅
  - 韩青民 — 王玉国
  - 李志坤 — 范金雷
  - 李红坤 — 张进年

武式太极拳传递表（五）

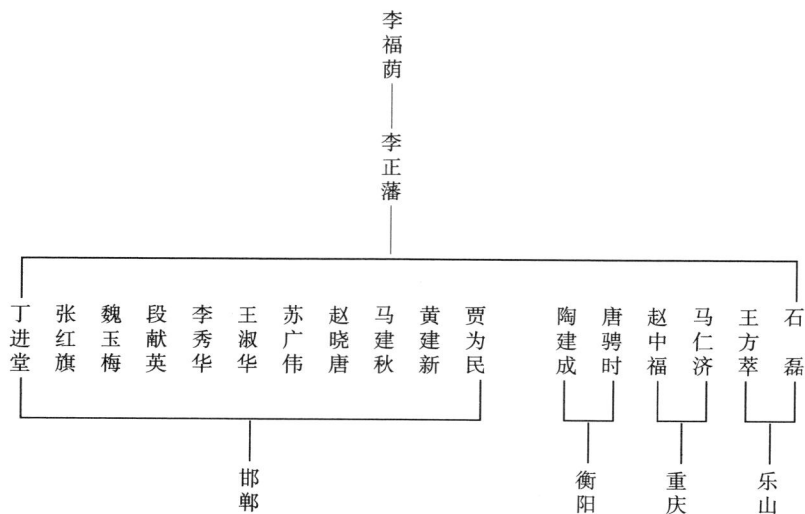

李福荫
——
李正藩
——

丁进堂　张红旗　魏玉梅　段献英　李秀华　王淑华　苏广伟　赵晓唐　马建秋　黄建新　贾为民　　陶建成　唐骋时　赵中福　马仁济　王方萃　石磊

邯郸　　　　　　　　　　　　　　　　　　　　　　　衡阳　　　重庆　　　乐山

武式太极拳传递表（六）

郝为真

李宝玉　（香远）　孙禄堂（福全）　李圣瑞　郝中天　张振宗　（文玉）　郝月如（文桂）（1877-1935）　郭林祥　范述甫　李福荫　闫志高　刘锦绶　李焕章　韩钦贤（文明）

董英杰　李桂花　石凤春　陈固安　吴文翰　李火合　冯卓　郝少如（梦修）（1907-1983）　张士一　乔舜臣　徐震　程叔度　许寇群　杨杰　胡金山　郝向荣（外孙）　李向志（侄孙）　段金桂　麻守金　马荣　米孟久　贾朴　翟文章

浦公达　刘如顺　郝吟如　杨德高　卞锦祺　黄辛西　葛楚臣　李伟民　邵康年　屠彭年　孙懋令　吴声远　施雪芬　成慧芳　叶慧兰　王吟志　胡庆祥　吴上千　叶兆雄　韩竞奋　罗基宏　张金华　徐栋国　马佑祺

注：郝为真先师还有一些入室弟子，本文作者已记不起来，望原谅！

武式太极拳传递表（七）

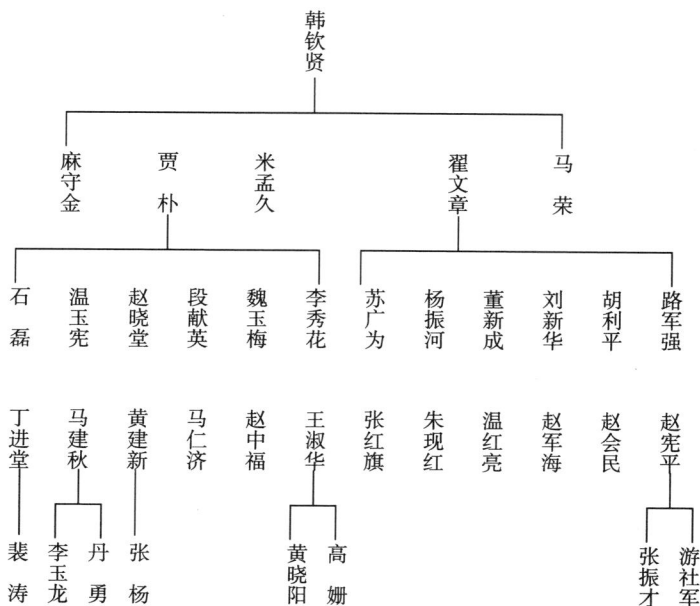

韩钦贤

麻守金　贾朴　米孟久　翟文章　马荣

石磊　温玉宪　赵晓堂　段献英　魏玉梅　李秀花　苏广为　杨振河　董新成　刘新华　胡利平　路军强

丁进堂　马建秋　黄建新　马仁济　赵中福　王淑华　张红旗　朱现红　温红亮　赵军海　赵会民　赵宪平

裴涛　李玉龙　丹勇　张杨　黄晓阳　高姗　张振才　游社军

编者简介

李志红，1965 年生于河北永年广府西街。清末太极宗师李亦畬之玄孙，武式太极拳第六代传人，自幼习武式太极拳，曾在 1993 年后多次获国际太极拳比赛轻量级推手冠军。2001 年后多次出访日本、美国、意大利、英国讲学授拳。现为邯郸市武协副主席、廉让堂太极拳研究会会长、日本太极拳协会技术部部长。

李云云，女，1992 年出生于河北永年太极世家，清末太极拳宗师李亦畬之来孙女，武式太极拳第七代传人。自幼深受家庭环境熏陶，谨记天祖李亦畬遗训，受祖父李光藩教诲，随父亲李志红习拳，曾多次参加太极拳大会。现留学欧洲。本人胸怀热忱，深爱太极拳及书法，望将历史悠久的武式太极拳推向世界。

　　彭建景，1966 年生于河北藁城，毕业于复旦大学法律系，就职于河北省高级人民法院。师从武式太极拳第五代嫡传李光藩先生。

　　王全岭，1966 年生于河北献县，毕业于复旦大学哲学系，就职于河北省社会科学院。师从武式太极拳第五代嫡传李光藩先生。

　　李红旗，1968 年生于河北邯郸。自幼习练少林武术，后从义父武式太极拳第五代嫡传李光藩先生学习武式太极拳。曾获得国际太极拳交流大会 85 公斤级推手银牌、铜牌各一枚，太极散手擂台赛铜牌一枚，并有多篇论文在各级刊物上发表。现为邯郸市武协副秘书长。

　　王庆，1977 年生，安徽省淮南市人。2012 年拜李光藩先生为师，得恩师无私传授。现为安徽廉让堂太极拳分会负责人，在家乡推广武式太极拳。

　　武霞，女，1960 生，祖籍辽宁大连。中国武术七段、国家级太极拳教练，多次在全国武术大赛中获得太极拳冠军。师从中国武术九段张山，同时也是武式太极拳第五代传人李光藩、陈氏太极拳第十一代十九世传人王西安入室弟子。早年习练陈氏、杨氏太极拳，曾得陈正雷、马春喜等名师悉心指导。拜入李光藩先生门下以来，对武式太极拳勤加练习，深入研究，并融合练习各家太极的体会，技艺愈加精湛。

　　李凯斌，祖籍河北定州，自幼酷爱传统武术，遍访名师，孜孜以学，精通弹腿、炮捶、中国式摔跤等多种传统武术。70 年代随著名武术家申子荣先生入室弟子褚衍臣先生习武，后又拜太极世家李亦畬先生曾孙李光藩先生为师钻研武式太极拳。现为中国武术七段、西安申氏武技心意太极养生研究会会长、永年廉让堂太极拳研究会秘书长。

跋

　　受好友一代太极拳宗师亦畬翁五代传人志红之托，为其主编的《廉让堂太极拳传谱精解》写跋，我深感对拳谱知之甚浅，恐难以胜任，而好友再三托付，只能不揣浅陋，谈几句《廉让堂太极拳传谱精解》之读后感。

　　廉让堂是以亦畬翁两子宝廉、宝让之名中各取一字而成，并以此堂号冠于其手写太极拳谱之前，足见其用心良苦，寓意深远。通读《廉让堂太极拳传谱精解》，显见亦畬翁平生对太极拳研究之专注，对太极武学之道治学之精深。亦畬翁承前启后，言传身教，以科学之态度，辩证求实之法则，解读阴阳变化之理，论证易道三才之法，汇于万籁之中，把诸多拳论与实践合于一体，写出了《五字诀》《撒放密诀》《走架行功打手要言》等太极拳经典论述，奠定了《廉让堂太极拳谱》高深的理论基础。更为独到的是，亦畬翁提出了"身知"之灼见，从而揭示了太极拳理论源于实践又指导实践，知己须知彼、百战方不殆的武学真谛，把古典太极拳理论与实践推向了高峰。多少年来，习练太极拳者门派纷呈，论拳争道各持己见，但均以王宗岳《太极拳论》为理据。然而能熟读详解《拳论》者甚少，喋喋不休者却多。百年之后，我们重读《廉让堂太极拳传谱精解》，仿佛在聆听亦畬翁对王宗岳《太极拳论》之解读，同时也体悟到亦畬翁治学之严谨与见解之独到。他将太极拳修炼之难题用"身知"二字一语道破，并将其理论升华为颠扑不破之真理。此为多个拳派所引用，使我们深感亦畬翁武学精神之伟大，其对太极拳理论贡献之卓越，使《廉让堂太极拳谱》成为太极拳发展史上一座丰碑。最后我以七言句恭贺《廉让堂太极拳传谱精解》的出版：

> 文韬武略廉让堂，
> 畬翁故后美名扬。
> 著书解密太极拳，
> 字里行间传真言。
> 武学独到通哲理，
> 精读拳谱武风起。
> 廉让堂谱逾百年，
> 继承弘扬薪火传。

周润生[1]

丙申年六月十八日于

古城西安

---

[1] 周润生，1947年生，中国当代著名武术家、国际级武术裁判，精搏击、摔跤、推手等。现任陕西省及西安市武协顾问、陕西摔柔协会副主席、西安红拳研究会名誉会长、西北国术研究院院长。

人文武术精品书系
北京科学技术出版社

武学名家典籍丛书

扫码购书
一键完成

杨澄甫武学辑注 定价：178 元
杨澄甫 著 邵奇青 校注
《太极拳使用法》
《太极拳体用全书》

孙禄堂武学集注 定价：288 元
孙禄堂 著 孙婉容 校注
《形意拳学》 《八卦拳学》
《太极拳学》 《八卦剑学》
《拳意述真》

陈微明武学辑注 定价：218 元
陈微明 著 二水居士 校注
《太极拳术》 《太极剑》
《太极答问》

薛颠武学辑注 定价：358 元
薛颠 著 王银辉 校注
《形意拳术讲义上编》
《形意拳术讲义下编》
《象形拳法真诠》
《灵空禅师点穴秘诀》

陈鑫陈氏太极拳图说（配光盘）
定价：358 元
陈鑫 著
陈东山 陈晓龙 陈向武 校注

李存义武学辑注 定价：268 元
李存义 著
阎伯群 李洪钟 校注
《岳氏意拳五行精义》
《岳氏意拳十二形精义》
《三十六剑谱》

董英杰太极拳释义 定价：98 元
董英杰 著 杨志英 校注

刘殿琛形意拳术抉微
定价：80 元
刘殿琛 著 王银辉 校注

李剑秋形意拳术 定价：89 元
李剑秋 著 王银辉 校注

许禹生武学辑注 定价：194 元
许禹生 著 唐才良 校注
《太极拳势图解》
《陈氏太极拳第五路并少林十二式》

张占魁形意武术教科书
　　　　　　定价：98 元
张占魁　著
王银辉　吴占良　校注

扫码购书
一键完成

王宗岳太极拳论　　定价：50 元
李亦畬　著　二水居士　校注

太极功源流支派论　定价：68 元
宋书铭　著　二水居士　校注

太极法说　　　　定价：65 元
二水居士　校注

手战之道　　　　定价：65 元
赵　晔　沈一贯　唐顺之
何良臣　戚继光　黄百家
黄宗羲　著
王小兵　校注

扫码购书
一键完成

张策传杨班侯太极拳 108 式
（配光盘）　　　定价：48 元
张　喆　著　韩宝顺　整理

河南心意六合拳
（配光盘）　　　定价：79 元
李洳波　李建鹏　著

形意八卦拳　　　定价：52 元
贾保寿　著　武大伟　整理

王映海传戴氏心意拳精要
（配光盘）　　　定价：198 元
王映海　口述　王喜成　主编

张鸿庆传形意拳练用法释秘
定价：69 元
邵义会 著

华岳心意六合八法拳
定价：65 元
张长信 著

戴氏心意拳功理秘技
定价：68 元
王毅 编著

传统吴氏太极拳入门诀要（配光盘）
定价：68 元
张全亮 著

拳疗百病——39 式杨氏养生太极拳
（配光盘） 定价：96 元
戈金刚 戈美蔵 著

尚济形意拳练法打法实践
定价：89 元
马保国 马晓阳 著

非视觉太极——太极拳劲意图解
定价：158 元
万周迎 著

轻敲太极门——太极拳理法与势法
定价：108 元
万周迎 著

冯志强混元太极拳 48 式
定价：75 元
冯志强 编著
冯秀芳 冯秀茜 助编

刘晚苍传内家功夫与手抄老谱
定价：98 元
刘晚苍 刘光鼎 刘培俊 著

赵堡太极拳拳理拳法秘笈
定价：126 元
王海洲 著

拳道薪传丛书

三爷刘晚苍
——刘晚苍武功传习录
定价：54 元
刘源正　季培刚　编著

乐传太极与行功　　定价：68 元
乐匋　原著
钟海明　马若愚　编著

慰苍先生金仁霖太极传心录
定价：82 元
金仁霖　著

中道皇皇——梅墨生太极拳理念与心法
定价：118 元
梅墨生　著

杨振基传太极拳内功心法
定价：79 元
胡贯涛　著

卢式心意拳传习录
定价：118 元
余江　编著

习练太极拳之见闻与体悟
定价：78 元
陈惠良　著